U1019293

与时同行 向阳生长

中国网络文学发展报告

2017-2021

《中国网络文学发展报告》编写组　编著
张爱军　敖然　主编

北京出版集团
北 京 出 版 社

图书在版编目（CIP）数据

与时同行　向阳生长 ：中国网络文学发展报告 ：2017-2021 /《中国网络文学发展报告》编写组编著 ；张爱军，敖然主编. — 北京 ：北京出版社，2023.2

ISBN 978-7-200-17543-1

Ⅰ. ①与… Ⅱ. ①中… ②张… ③敖… Ⅲ. ①网络文学 — 研究报告 — 中国 — 2017-2021 Ⅳ. ①I207.999

中国版本图书馆CIP数据核字（2022）第211337号

与时同行　向阳生长

中国网络文学发展报告　2017-2021

YUSHI TONGXING XIANGYANG SHENGZHANG

《中国网络文学发展报告》编写组　编著

张爱军　敖然　主编

出　版	北京出版集团 北 京 出 版 社
地　址	北京北三环中路6号
邮　编	100120
网　址	www.bph.com.cn
总发行	北京出版集团
经　销	新华书店
印　刷	北京建宏印刷有限公司
版印次	2023年2月第1版　　2023年2月第1次印刷
开　本	787毫米×1092毫米　1/16
印　张	13.5
字　数	170千字
书　号	ISBN 978-7-200-17543-1
定　价	78.00元

如有印装质量问题，由本社负责调换

质量监督电话：010－58572393

编委会名单

主　　任：张爱军　敖　然

副 主 任：王野霏　李　弘　侯健美　赵雅娟　钟棉棉

田　鹏　张　苏　徐　滔　曹　蕾

编　　委：程天翔　何继禄　张传静　王　勤　杨　洁

王　磊　李　磊　王　彪　葛军领　张　苏

边元松　高鹿璐　岑振唯　冯思然　兰华明

王　飚　张　峻　赵圣江　王璐璐　毛文思

余叶烨　胡　芳　林　燕　张　帆　王　睿

2013 年 10 月 31 日，北京作家协会网络文学创作委员会成立

2015 年 12 月 17 日，中国作家协会网络文学委员会成立

2016 年 7 月 20 日，网络文学行业自律倡议书新闻发布会在京召开

2017 年，首届中国“网络文学 +”大会成功举办

2018 年，第二届中国“网络文学 +”大会发布《中国网络文学发展报告(2017)》

2019 年，国家新闻出版署和中国作家协会联合推介了 25 部优秀网络文学原创作品

2021 年 5 月，网络文学作家前往井冈山开展党史学习教育主题活动

提升网络文学创作质量倡议书

中央在“十四五”规划和2035年远景目标建议中提出，要繁荣发展文化事业和文化产业，推进社会主义文化强国建设。目前，网络文学正处于转型升级发展的关键时刻，为此，我们向全国网络作家倡议：

一、坚持正确的创作导向，弘扬社会主义核心价值观，抵制低俗、庸俗、媚俗，强化社会责任感，积极弘扬正能量，打造网络文学的绿水青山。

二、走出书斋，不做“码字工”，深入生活，扎根人民，增强脚力、眼力、脑力、笔力，在火热的生活中发现素材，塑造新时代、新人物、新形象。

三、勇挑时代重担，传承中华文脉，向老一辈作家学习，提升文学素养，遵循创作规律，提倡“降速、减量、提质”，为读者奉献更多的精品力作。

四、强化创新精神，拒绝跟风写作，克服功利心态，反对同质化、抄袭风、粗制滥造，加强现实题材、科幻题材创作，推动网络文学百花齐放，努力反映时代精神。

五、注重社会影响，恪守职业道德，不以点击量和收入论英雄，抵制侵权盗版行为，积极参与社会公益活动，做有担当、有情怀、有温度的网络作家。

六、坚定文化自信，拓展国际视野，讲好中国故事，推进网文“出海”，向世界展示中华文明的精神价值和当代中国的良好形象。

我们成长在一个伟大的时代，是时代的见证者、记录者，也是建设者。我们要大力提升创作质量和水平，为中国文学的繁荣发展、为中华民族的伟大复兴做出应有的贡献！

2020年12月，136位网络作家发出《提升网络文学创作质量倡议书》，呼吁全国网络作家承担时代责任，传承中华文脉，创作出更多高质量精品力作

中国网络文学创作势头强劲，涌现出一大批精品力作

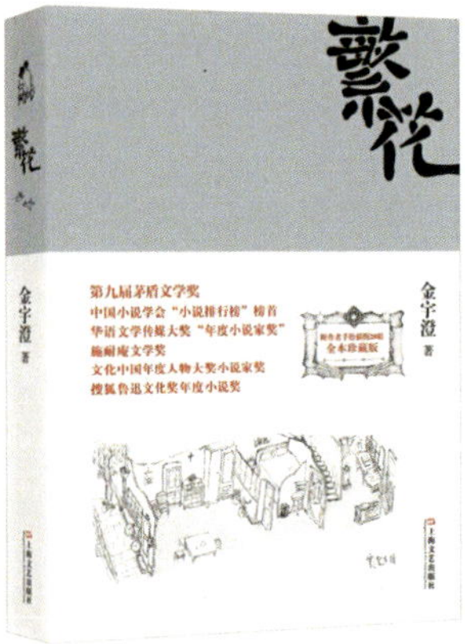

优秀的网络文学 IP 多元转化，对出版、影视、游戏、动漫等下游文化产业的贡献进一步提升

网络文学作品规模

网络文学市场营收规模

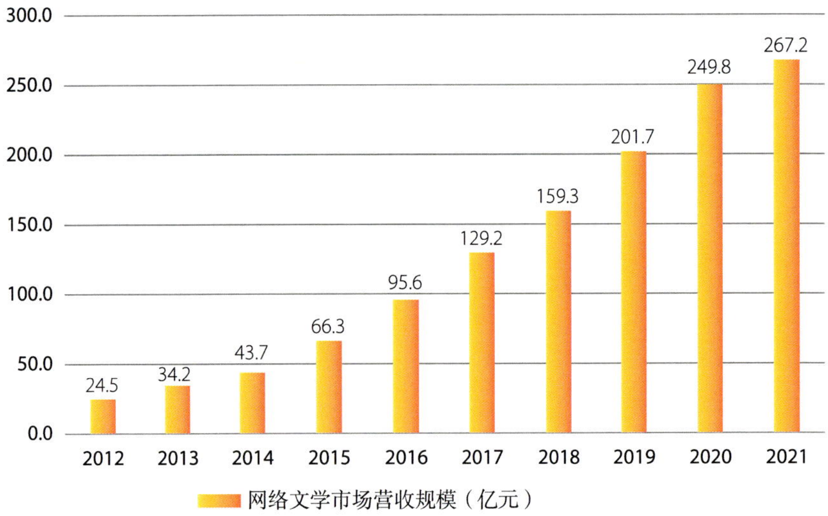

序言

文学作为一种以语言文字为工具，形象化地反映客观现实的艺术形式，历来是世界艺术宝库中的璀璨明珠，包括戏剧、诗歌、小说、散文等在内的各种文学类型广受大众欢迎。而网络文学是通过互联网进行创作和传播文学作品的文学新形态，具有内容丰富、形式多样、题材多元、传播广泛、消费便捷等特点。伴随着数字技术和基于网络的文化消费形态的不断创新，我国网络文学发展迅猛，已形成深受人民群众喜爱的网络文化现象，更成为中华文化走向世界的一张靓丽名片。

党的十八大以来，在习近平新时代中国特色社会主义思想科学指引下，我国文化建设在正本清源，守正创新中取得历史性成就、发生历史性变革，呈现文化兴国、文化强民族强的生动图景。作为社会主义文艺的重要组成部分，我国网络文学伴着新时代的春风，扬帆远航，乘风破浪，从井喷式增长到精品化建设，从本土化、民族化发展频频“出海圈粉”，走上了繁荣发展的快车道，成为繁荣社会主义文艺的重要力量。2014年12月，国家新闻出版广电总局发布《关于推动网络文学健康发展的指导意见》，从强化网络精品内容质量，提升网络文学作品质量，建立健全网络文学作品的作者实名注册、责任编辑及出版单位署名的管理制度方面提出了明确要求。2020年6月，国家新闻出版署印发《关于进一步加强网络文学出版管理的通知》。通知要求进一步规范网络文学行业秩序、定期开展社会效益评价考核、加强网络文学出版队伍建设、加强网络文学出版管理，引导网络文学出版单位始终坚持正确出版导向，坚持把社会效益放在首位，坚持高质量发展，努力以精品奉献人民。同时，自2020年开始，国家新闻出版署还组织实施“优秀现实题材和历史题材网络文学出版工程”，鼓励网络文学平台加强现实题材和历史题材作品创作出版，推出更多尊重历史、关注现实、贴近群众、反映生活的优秀作品，推动网络文学多出精品、多出人才，为人民群众奉献更好更多的精神食粮。一系列的政策文件出台，从坚持正确出版导向、强化精品内容创作、加强出版队伍建设、更好地服务人民群众数字文化生活等方面对网络文学行业的发展起到了积极的指导作用。

进入新时代，我国网络文学在调整、转型和提高中获得了新的发展动能，产业规模持续增长、精品力作不断涌现、业态模式更加多元、海外影响力持续扩大，全行业在保持产业规模稳步快速增长的同时，发展重心已从数量扩张向质量效益转型。中国音像与数字出版协会对我国40家重点网络文学平台的调研显示，我国网络文学产业总体市场规模由2012年的24.5亿元增长到2021年的267.2亿元，10年增长10倍。2021年，广受群众喜爱的网络文学题材类型有10多种，作品规模达到3204.6万部。同期，网络文学作品的IP改编量达到8583部，全行业IP营收规模达到41.31亿元，网络文学作为其他文化消费产品的衍生孵化源头作用凸显，对有声阅读、广播影视、动漫游戏和文创周边等行业的转化力度持续增强。据报告显示，2021年，我国网络文学平台注册作者规模约为2278万人，而用户规模也达到了4.9亿人。网络文学这一数字出版的重要表现形式，在人民群众数字文化消费的服务提供方面发挥着越来越重要的作用。

与此同时，网络文学也成为了传播中华文化、展现中国形象的重要窗口。据统计，2021年我国网络文学行业“出海”作品共计31.46万部，海外营收规模已达29.5亿元人民币。我国网络文学作品的翻译语种达20多种，触及东南亚、北美、欧洲和非洲的40多个国家和地区，成为中国文化新名片。中医药、美食、武术等带有中华文化特色的主题，通过网络文学作品及其改编的动漫和影视剧广受海外读者欢迎，粉丝众多。以网络文学为代表的中国网络文化形态已在海外落地生根、开花结果，文化影响力逐步增强，海外传播成效初显。

党的二十大提出，要推进文化自信自强、铸就社会主义文化新辉煌。网络文学作为社会主义文艺的重要组成部分，在促进出版业和数字经济深度融合、满足人民群众美好生活需要、增强中华文明传播力和影响力等方面任重道远。"网抒新时代，文铸新辉煌"，在新起点新征程上，我们相信，网络文学将为社会主义文化强国建设，做出新的更大的贡献！

本书编委会

2023年2月

目录

第一篇

新时代10年发展成就

第一章

行业发展生态持续优化

党的十八大以来，中国特色社会主义文化持续繁荣发展。作为社会主义文艺的重要组成部分，中国网络文学积极投身新时代伟大实践，直面社会变迁，聚焦火热生活，用新颖的形式创作书写，以鲜活的语言讴歌时代，用心谱写新时代文学的华彩篇章，生动展现新时代中国的万千气象。

10年筑梦，与时同行。回望中国网络文学10年发展历程——这是网络文学逐渐步入有序发展轨道，呈现主流化、精品化的10年；这是网络文学作家队伍不断发展壮大、青年创作者勇担时代使命的10年；这是网络文学丰富人民精神世界、增强人民精神力量、助推社会主义文化强国建设的10年；这是网络文学影响日益扩大，中国故事、中国声音响彻国际舞台的10年。

一、坚持高举旗帜

新时代以来，党和国家高度重视文艺工作。习近平总书记围绕做好新时代文艺工作发表一系列重要讲话，特别是2014年在文艺工作座谈会上的讲话和2021年在中国文联十一大、中国作协十大开幕式上的讲话，为新时代文艺事业繁荣发展指明了前进方向，对发展网络文学提供了根本遵循。

明确了网络文学的职责使命。习近平总书记强调，文艺是时代前进的号角，最能代表一个时代的风貌，最能引领一个时代的风气；实现第二个百年奋斗目标、实现中华民族伟大复兴的中国梦是长期而艰巨的伟大事业。实现这个伟大事业，文艺的作用不可替代，文艺工作者大有可为。广大文艺工作者要从这样的高度认识文艺的地位和作用，认识自己所担负的历史使命和责任。强调，互联网技术和新媒体改变了文艺形态，催生了一大批新的文艺类型，也带来文艺观念和文艺实践的深刻变化。指出，要正确运用新的技术、新的手段，激发创意灵感、丰富文化内涵、表达思想情感，使文艺创作呈现更有内涵、更有潜力的新境界。强调，要适应形势发展，抓好网络文艺创作生产，加强正面引导力度。

明确了网络文学的目标要求。习近平总书记对包括新文艺群体在内的广大文艺工作者提出殷切希望，强调要心系民族复兴伟业，热忱描绘新时代新征程的恢宏气象；坚守人民立场，书写生生不息的人民史诗；坚持守正创新，用跟上时代的精品力作开拓文艺新境界；用情用力讲好中国故事，向世界展现可信、可爱、可敬的中国形象；坚持弘扬正道，在追求德艺双馨中成就人生价值。强调，要把人民放在心中最高位置，把人民满意不满意作为检验艺术的最高标准，创作更多满足人民文化需求和增强人民精神力量的优秀作品，让文艺的百花园永远为人民绽放。

明确了团结服务网络作家的重要性。习近平总书记指出，近些年来，民营文化工作室、民营文化经纪机构、网络文艺社群等新的文艺组织大量涌现，网络作家、签约作家、自由撰稿人、独立制片人、独立演员歌手、自由美术工作者等新的文艺群体十分活跃。这些人中很有可能产生文艺名家，古今中外很多文艺名家都是从社会和人民中产生的。强调，要扩大工作覆盖面，延伸联系手臂，用全新的眼光看待他们，用全新的政策和方法团结、吸引他们，引导他们成为繁荣社会主义文艺的有生力量。

习近平总书记的重要论述，充分肯定了网络文学的地位、作用，并对网络文学工作的开展提出了明确要求，成为做好新文艺组织、新文艺群体工作的根本遵循。10年来，网络文学行业坚持以习近平新时代中国特色社会主义思想，深入学习贯彻习近平总书记关于文艺工作的重要论述，切实提高政治站位，增强责任感和使命感，为人民创作、为时代明德，不断开创网络文学事业发展的新境界。网络文学行业生态从野蛮生长向有序发展转变，有效扭转了过去良莠不齐、泥沙俱下的局面，涌现出一批优秀作者和思想性、艺术性、可读性相统一的原创作品，在促进文学创作生产、满足人民群众精神文化需求方面发挥了重要作用。

二、坚持价值引领

近年来，网络文学行业蓬勃发展，但也存在一些作品导向偏差、格调不高，有的企业片面追求经济效益等倾向和问题。为此，党和政府采取一系列举措，加大政策引导，规范出版管理，完善行业自律，加强对网络作家、青年作家的团结服务，引导网络文学出版单位始终把社会效益放在首位，坚持正确出版导向、坚持以社会主义核心价值观为引领，大力弘扬主旋律，传播正能量。

加大政策引导。在党中央的正确指引下，网络文学产业发展得到各级政府的大力支持，网络文学被纳入国家文化和产业发展规划，多项扶持政策陆续出台，对产业进行有序引导，为产业发展保驾护航。2015年10月，中共中央下发《中共中央关于繁荣发展社会主义文艺的意见》，提出大力发展网络文艺，鼓励推出优秀网络原创作品，充分发挥新媒体的独特优势，加强重点文艺网站建设，引领网络文艺的健康发展。2016年12月，国务院下发《“十三五”国家信息化规划》，鼓励推出优秀网络原创作品，推动网络文学、网络剧、微电影等新兴文艺类型繁荣发展。2017年1月，中共中央办公厅、国务院办公厅联合发布《关于实施中华优秀传统文化传承发展工程的意见》，将实施网络文艺创作传播计划作为重点任务，推动网络文学、网络音乐、网络剧、微电影等传承发展中华优秀传统文化。2019年11月，中共中央、国务院发布的《新时代爱国主义教育实施纲要》中提出要结合青少年的兴趣点和接受习惯，大力开发并积极推介体现中华文化精髓、富有爱国主义气息的网络文学、动漫、有声读物、网络游戏等。

规范出版管理。把内容质量作为网络文学的生命线，积极引导网络文学讲品位、重格调，弃粗鄙、戒恶搞，不断提升作品质量。2020年6月，国家新闻出版署发布《关于进一步加强网络文学出版管理的通知》，从建立健全内容审核机制、严格规范登载发布行为、定期开展社会效益评价考核、加强评奖推选活动管理等七个方面，进一步加强对网络文学的出版管理，引导网络文学出版单位坚持高质量发展。相关政府部门建立网络文学内容质量管理长效机制，健全作品抽查、阅评制度，完善符合网络文学作品出版特点的审读流程及管理办法；设立“网络文学精品工程”，支持网络文学企业积极承担国家重点出版工程项目，在选题立项、作品生产、评选、评奖、表彰和宣传推广等方面加大扶持力度，鼓励精品创作，不断提升网络文学的文化内涵和精神品质。

强化行业自律。支持网络文学企业根据自身特点，建立有利于精品力作不断涌现的编、审、发出版全过程质量评估体系和控制机制。推动各网络文学企业积极开展相关规范制度建设，完善总编辑负责制度、编辑责任制度、先审后发制度、三级审核制度、作者实名制度等，将内容把控与监管责任落实到业务链条的各个环节。同时，综合运用大数据、人工智能等新技术，加强内容质量建设；积极打造健康网文生态，注重优质内容的创作与培育，提升版权衍生产品的专业化运营水平。2020年12月，在中国作协组织下，136位知名网络作家在上海联合发出《提升网络文学创作质量倡议书》，呼吁全国网络作家：坚持正确创作导向，传承中华文脉，承担时代责任，抵制低俗、庸俗、媚俗，反对抄袭跟风，加大现实题材创作力度，推进网络文学的精品化。在网络文学界引发强烈反响。

团结服务作者。创新工作体系，做好对新的文艺组织和新的文艺群体的教育引导工作，广泛组织动员各领域各层次各方面文艺工作者投身党的文艺事业。推动网络文学企业完善网络文学编辑人员管理机制，落实持证上岗制度，建立健全网络文学发表作品的作者实名注册、责任编辑及出版单位署名等管理制度。加强网络文学出版队伍建设，加大教育培训力度，提高网络文学从业人员内容导向判断和艺术水准把关能力。加强网络文学编辑人员的职业道德教育，引导广大网络文学从业人员加强品德修养，恪守公序良俗，弘扬新风正气。成立中国作协网络文学中心，鼓励网络作家加入作协，积极引领、培育、扶持网络作家。目前全国省级网络作协已有20家，各级网络文学组织近200个，网络作家队伍组织化程度不断提高，凝聚力、向心力显著增强。

10年来，网络文学行业逐步摒弃了流量思维，“内容为王”成为行业共识，主流化、精品化、经典化趋势日益突出。网络作家、网络文学平台积极提升网络文学创作质量，加强网络文明建设，优化网络文学行业生态，推动网络文学高质量发展；加快科技赋能、创新转化，IP（Internet Protocol的缩写，即互联网协议）产业化规模和质量得到明显提升，为影视、游戏、动漫、有声、衍生品及线下业态等贡献大量优质作品，走向多形态转化的“破圈”之旅。

三、坚持人民立场

源于人民、为了人民、属于人民，是社会主义文艺的根本立场，也是社会主义文艺繁荣发展的动力所在。近年来，网络文学坚持人民立场，一大批观照社会现实、反映时代发展、记录家国变迁、讴歌党和人民伟大奋斗精神的优秀作品得到广泛传播，网络文学主流化、精品化发展不断迈上新台阶，有力助推文化高质量发展。

注重为了人民。近年来，中国网络文学坚持以人民为中心的创作导向，力争呈现大众精神世界，反映普通人理想追求。相关部门通过举办各类线上线下作者沙龙、主题研讨、采风交流等活动，引导网络文学作者树立正确的历史观、民族观、国家观和文化观，深入生活、扎根人民，采访榜样，学习先进，努力推出更多传播当代中国价值观念、体现中华文化精神、反映中国人审美追求的优秀作品。引导网络文学创作者牢固树立马克思主义文艺观，把人民作为创作表现的主体、作为审美的鉴赏者和评判者，把满足人民精神文化需求作为内容创作和传播的出发点、落脚点，倡导网络文学创作塑造美好心灵、引领社会风尚，使网络文学的价值引导、精神引领、审美启迪作用得到充分发挥，为人民抒写、为人民抒情、为人民抒怀。

注重贴近群众。继承现实主义文学传统，为读者提供贴近实际、贴近生活、贴近群众的作品，是网络文学的应有之责。近年来，网络文学坚持守正创新，推出更多人民喜闻乐见的优秀作品，不断满足人民群众的精神文化生活需要。在政府支持、协会引导、平台鼓励和行业监管的合力作用下，由题材、类型和主题建构起的内容要素市场得到充分发育，网络文学呈现出兼具现实性、专业性和多元化的高质量发展态势，从初期的玄幻、奇幻、仙侠、都市、军事、历史等类型逐步发展，纳入现实。科幻、医疗、教育、传统文化等多样化类型，形成了30余种大分类200余种小分类。越来越多的网络文学作者将当代主流思想逐渐融入创作中，在传承中华优秀传统、展现中国精神等方面取得了重要成绩。

注重扎根现实。网络文学的生命力，体现在它对现实的观照、对时代的记录。自2020年开始，国家新闻出版署组织实施“优秀现实题材和历史题材网络文学出版工程”推优工作，每年推选不超过10部优秀作品，鼓励网络文学平台加强现实题材和历史题材作品创作出版；中国作家协会每年发布网络文学创作重点选题指南，进行网络文学重点作品扶持和中国网络文学影响力榜发布，积极加强对现实题材创作的扶持引导，有效发挥导向作用。网络文学企业积极响应政府号召，顺应读者要求，多举措推动现实题材作品创作，制订主题出版和现实题材出版计划，提供保底资金支持；重视现实题材作者的培育工作，通过多渠道积极挖掘优质作者资源，完善作者孵化体系，协助新生作者成长，为推出更多现实题材现象级优秀作品打下坚实基础。

10年来，网络文学从业者把提高质量作为文学作品的生命线，用心用情用功抒写伟大时代，成为新时代中国的重要记录者、见证者。网络文学现实题材创作势头强劲，2021年全国主要文学网站新增现实题材作品27万余部，同比增长27%，现实题材作品存量超过130万部，涌现出了《大国重工》《复兴之路》《大江大河》《重卡雄风》《浩荡》《重生——湘江战役失散红军记忆》等精品力作。网络文学书写着多彩生活、表达着美好愿望，多样化的文学类型百花齐放，呈现出新格调、新样态和新风貌，在满足人民群众美好生活需要上，正在发挥更加积极的作用。

四、坚持立破并举

新时代以来，相关部门坚持治理与繁荣并举，加强版权保护，规范市场秩序，强化考核评价，落实属地职责，不断推动治理体系完善和治理能力提升，努力构建网络文学行业繁荣发展局面。

加强版权保护。坚持有利于企业管理、有利于公众查询、有利于版权保护及利用的原则，加强网络文学版权保护。2016年11月，国家版权局印发《关于加强网络文学作品版权管理的通知》，强化了版权执法部门的监管职责，建立了有效的版权投诉机制和“黑白名单”制度，为网络文学产业的健康发展提供了有力保障。2020年11月，全国人民代表大会常务委员会通过关于修改《著作权法》的决定，进一步完善了侵权赔偿制度，保障网络文学作者的合法权益。相关部门不断推动完善网络文学作品管理制度，加快推动网络文学作品登记识别、标识申领、存储分类等作品管理技术标准研发，建立原创网络文学作品编目系统、版权信息系统和社会公示及查询系统，为网络文学产业链深度开发和多重使用提供有效信息、科学数据及可靠支撑。

规范市场秩序。2020年以来，中央和国家相关部门依次发布《关于开展文娱领域综合治理工作的通知》《关于加强网络文明建设的意见》《关于进一步加强网络文学出版管理的通知》《关于进一步压实网站平台信息内容主体责任的意见》等文件，加强对网络文学行业的治理能力，营造良好网络生态，推动网络文学行业规范健康发展。其中,《网络信息内容生态治理规定》以网络信息内容为主要治理对象，以建立健全网络综合治理体系、营造清朗的网络空间、建设良好的网络生态为目标，有效规范网络信息内容生产者、网络信息内容服务平台、网络信息内容服务使用者，以及网络行业组织在网络生态治理中的权利与义务。同时，国家版权局、网信办、工信部和公安部持续多年联合开展打击网络侵权盗版的“剑网行动”，通过打击侵权行为规范网络转载，保护数字版权，净化网络环境，保护权利人的合法权益，促进网络文学版权产业的健康发展。

强化考核评价。建立科学的网络文学作品考核和评价体系，有效发挥“指挥棒”“风向标”作用。2015年7月，国家新闻出版广电总局首次开展年度优秀网络文学原创作品推介活动；同年，中国作协启动了中国网络小说评选活动。2020年，国家新闻出版署发布《关于开展“优秀现实题材和历史题材网络文学出版工程”作品评选工作的通知》，拟每年对10部优秀现实题材和历史题材网络文学作品进行扶持推广，推动网络文学提高质量、多出精品。2017年6月，国家新闻出版广电总局发布《网络文学出版服务单位社会效益评估试行办法》，明确提出对从事网络文学原创业务、提供网络文学阅读平台的网络文学出版服务单位进行社会效益评估考核，要求“社会效益优先”，实现“双效合一”；评估从出版质量、传播能力、内容创新等方面设置多个指标，并实行社会效益评估“一票否决”制度。同时，相关部门积极建立和充实网络文学阅评队伍，加大抽查排查力度，及时发现和处理苗头性倾向性问题；充分运用技术手段，加强监测监看，提升分析研判水平，提高科学管理效能。

落实属地职责。各级出版主管部门严格落实意识形态工作责任制，强化属地管理责任，加强对属地网络文学业务的管理，摸清底数、建立台账、完善制度。对出现问题的作品、企业和相关舆情，积极妥善处理并及时报告。加强对所属网络文学出版单位重大事项和重点出版物的指导把关，及时研判处置重要问题，确保各项管理责任落到实处。定期监督检查网络文学出版单位编辑责任制度落实情况，把检查结果作为出版单位资源配置、年检评估、项目评审和评优表彰的重要依据。同时，积极打造网络文学交流推介的载体平台。2017年8月，由北京市委宣传部会同中国音像与数字出版协会等单位联合主办的首届中国“网络文学+”大会成功举办，充分发挥政府引领作用，实现了网络文学同影视、音乐、动漫、游戏等文化产业的深度融合，成为网络文学交流推介的重要品牌。

10年来，在各方共同努力下，中国网络文学市场总营收增长至267.2亿元，作品增长至3204.6万部，形成了以IP为核心的良序产业生态，在推动高质量发展上不断迈进。同时，借助互联网便捷的传播功能，网络文学已成为讲好中国故事，向世界展现可信、可爱、可敬中国形象的新形式。中国直接向海外输出网络文学作品已达万余部，中国网文企业运营的海外平台拥有的各类作品总量超过30万部，积累海外用户规模突破1.45亿人；逾20万名外国作者在中国网络文学企业运营的海外平台上，展开多语种多类型网络文学创作，中国网络文学在国际文化交流和世界文明互鉴的场景中，正在扮演日益活跃的重要角色。

党的二十大吹响了新征程的号角，中国网络文学界要紧紧围绕举旗帜、聚民心、育新人、兴文化、展形象的使命任务，网抒新时代，文铸新辉煌，持续增强国家文化软实力和中华文明传播力影响力，为全面建设社会主义现代化国家、推进中华民族伟大复兴贡献精神力量！

第二章

产业规模持续稳步增长

作为我国数字文化产业的重要内容源头，过去10年，网络文学产业实现跨越式发展，创作活跃，生态繁荣，规模不断扩大，质量不断提升，成为文化生产的重要力量。

一、市场规模

2012—2021年的10年间，网络文学市场的总规模由24.5亿元增长至267.2亿元，增长了242.7亿元，总增长率为990.6%，年均复合增长率为30.41%。其中，2017年的总营收为129.2亿元，2012—2017年的增长率为427.3%，年均复合增长率为39.45%；2017—2021年的增长率为106.8%，年均复合增长率为19.92%，具体如图1-1所示。

可以看到，网络文学市场规模由初期（2012—2017年）年均复合增长率39.45%降至19.92%（2017—2021年），即经历爆发式增长后，逐渐回归理性，在保持产业规模稳步增长的同时，产业发展重心已从数量增长向质量提升转型。

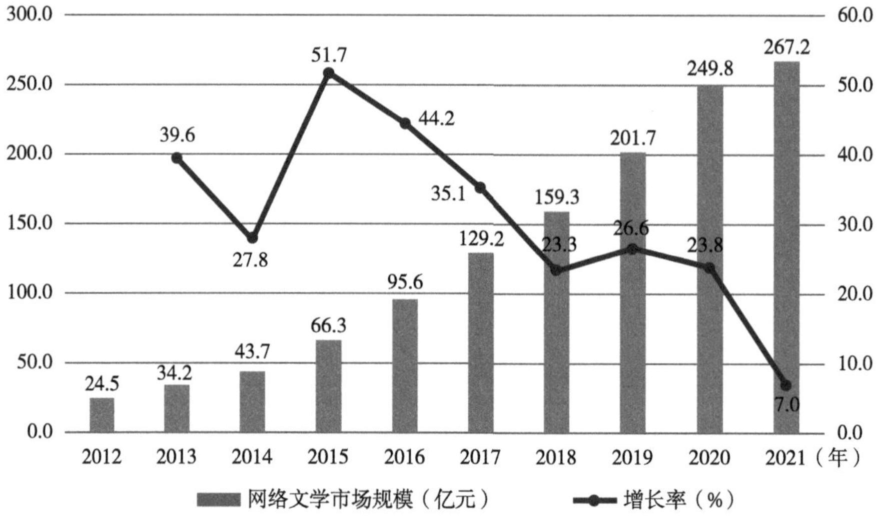

图 1-1　2012—2021 年中国网络文学市场总规模

二、作品规模

从图1-2可以看到，网络文学作品规模由2012年的800.2万部增长至2021年的3204.6万部。10年间，作品规模增加了2404.4万部，总增长率为

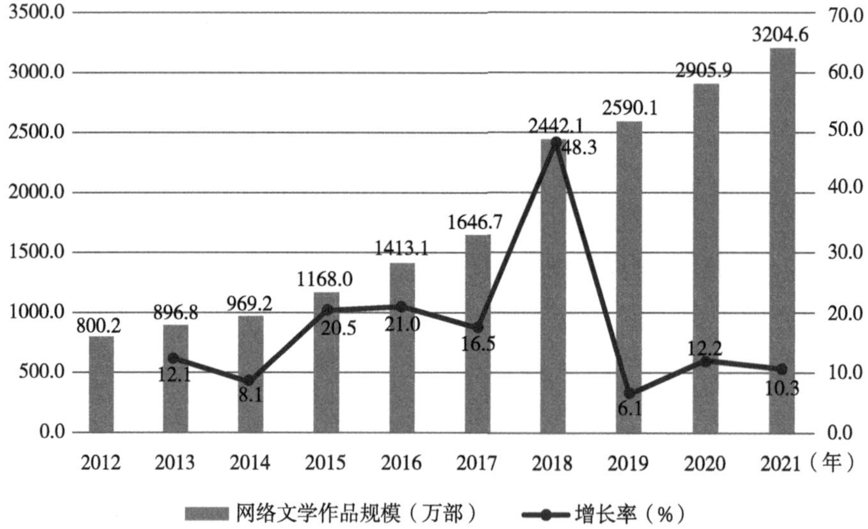

图 1–2　2012—2021 年中国网络文学作品规模

300.5%，年均复合增长率为16.7%。其中，2017年作品规模为1646.7万部，相较于2012年，作品规模翻了一番；2018年作品规模较2017年增加了795.4万部，达到2442.1万部，增长率达48.3%，是近10年来增速最快的一年。

2018年之后，作品规模增速陡然放缓，2018—2021年的总增长率约为31.2%，年均复合增长率为9.48%。这进一步说明，经过10年的市场培育，网络文学作品结构不断优化，"降速、减量、提质"已成为网络文学行业的普遍共识。

三、作者规模

2012年网络文学平台注册作者规模约为419万人，2021年增长至2278万人，近10年规模整体增长443.7%，年均复合增长率为20.7%。作者规模在2016年实现56.3%的高速增长后，2017年明显乏力，仅增长约5.7%。总体来看，2012—2017年注册作者规模增长约234.1%，2017—2021年注册作者规模增长约62.7%，相较于前期增长率大幅下滑，并渐趋稳定，具体如图1-3所示。

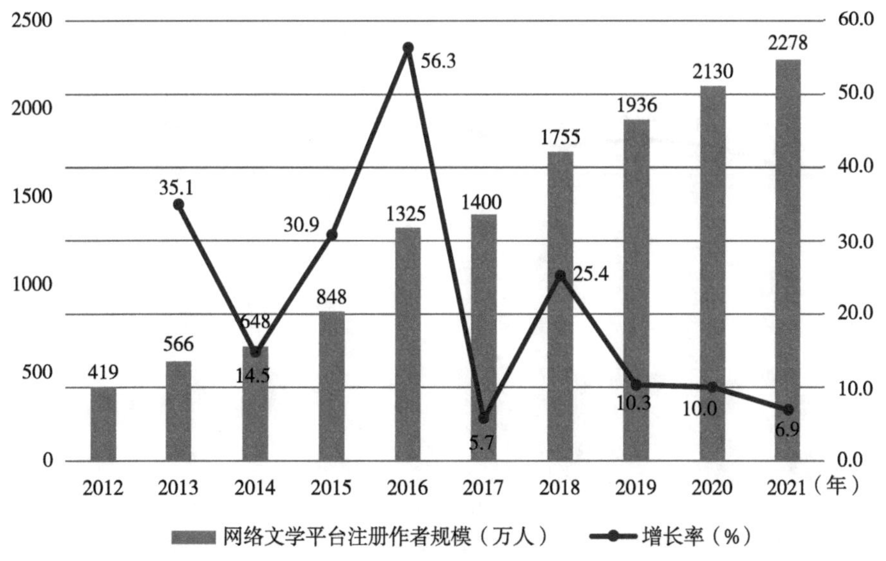

图1-3　2012—2021年中国网络文学平台注册作者规模

在注册作者规模增长较快的同时，各网络文学平台签约作者的比例却在逐年降低，根据目前中国音像与数字出版协会的数据，网络文学平台签约作者大约占注册作者的比例为5%。

四、用户规模

网络文学的用户规模在过去的10年中，从2012年的2.3亿人增长至2021年的4.9亿人，整体增长率约为113%。其中，2013年的用户增长率达17.4%，为近10年峰值；2017年和2018年也呈现出较大的增长幅度，分别为15.2%和13.2%。

2012—2021年间，我国网民规模也在持续上涨。2012年我国网民规模为5.6亿人，至2021年增长到10.3亿人，增长率约为83.9%。相比之下，网络文学用户规模增长率总体上高于网民规模增长率，网络文学用户在网民中的占比也基本呈现增长态势，且2018年和2019年的占比均超过50%，分别达到51.8%和51.1%，增长空间依然巨大，具体如图1-4所示。

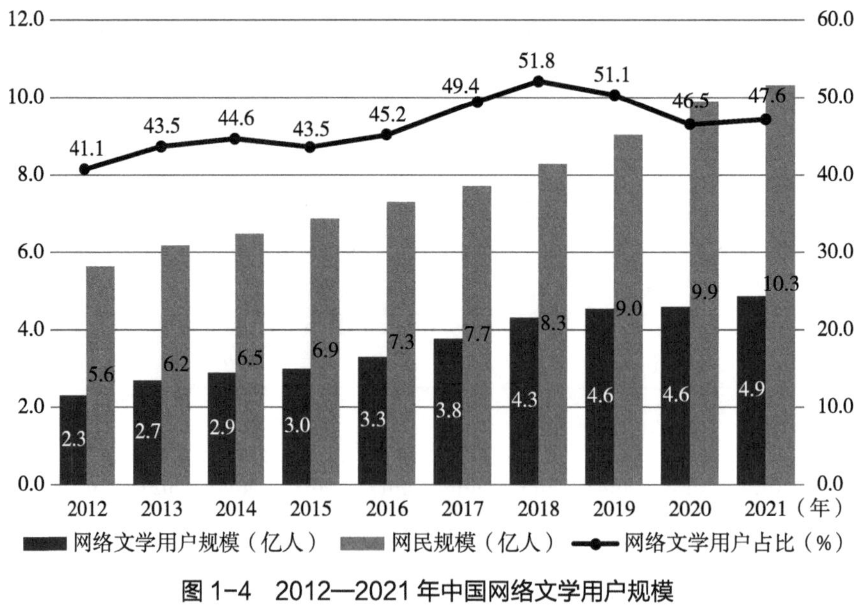

图1-4　2012—2021年中国网络文学用户规模

五、IP营收规模

网络文学IP营收规模自2012年的0.06亿元，增加到2021年的41.31亿元，总增长率高达68750%，年均复合增长率达到了106.7%，具体如图1-5所示。

整体来看，2015—2016年间，IP营收规模迎来了爆发式增长，由1.24亿元增长至6.25亿元，增幅达404.0%。2018年被业界认为是网络文学的IP元年，整体营收规模超过16亿元，年增幅超过85%，2019年IP营收规模增至48.90亿元，年增幅超过200%。随着市场结构的逐年优化与成熟，近两年网络文学的IP营收规模增长趋于平缓。

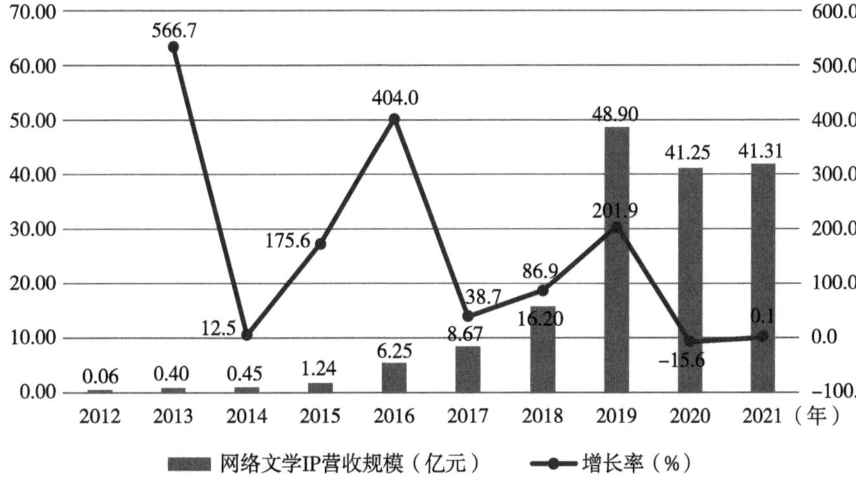

图1-5　2012—2021年中国网络文学IP营收规模

六、IP改编数量

根据中国音像与数字出版协会的调研反馈，2012—2021年，网络文学的IP改编数量逐年增长。

从改编方向的角度分析，有声读物和影视剧为目前IP改编的主要方向，特别是有声读物，在近10年的改编方向中一直占据龙头地位。2012—2017年间，影视剧改编受到市场青睐，2013年改编近1000部，占比超过有声读物。近几年影视剧的改编量和占比均有所下降，占比降低至5%以下，而有声读物的占比基本超过九成，2021年达到97.2%。虽然网络文学在有声读物改编中占据主要地位，但其收入贡献度与改编数量并不成正比。据中国音像与数字出版协会发布的《2021年中国数字阅读报告》显示，在2021年的IP营收规模中，动漫与游戏的贡献度较高，即动漫、游戏成为收益最高的IP改编类型，占总收入的42.69%，动漫、游戏类型改编的单品种收益率远超有声读物。

七、“走出去”情况

根据中国音像与数字出版协会的调研反馈，自2012年晋江等网络文学企业开始在东南亚等地区加大力度推动网络文学作品的输出以来，我国网络文学“走出去”逐渐形成了从“作品出海”“版权出海”到“模式出海”再到“文化出海”的发展路径，已经成为展现中国形象的重要窗口。

多年来，我国网络文学“走出去”规模不断扩大。在市场规模方面，中国音像与数字出版协会的数据显示，我国网络文学“出海”营收规模由2018年的4亿元增长至2021年的29.1亿元，增长率达到627.5%，年复合增长率为93.77%，具体如图1-6所示[1]。

在作品规模方面，自2019年开始，各网络文学企业加大了“出海”力度，在未区分重复授权、多语种翻译、授权地区及海外原创等因素的情况下，2019年和2020年分别超过了10万部和20万部，2021年达到了31.46万部[2]的峰值，在“出海”数量上实现了巨大的跃升。

在“走出去”方面，目前我国网络文学“出海”的主要地区是东南亚、北美以及我国的港澳台地区。

1 因各网络文学企业未形成海外营收规模（2018年以前还处于起步和加速期），本报告无法对2018年以前的年度数据进行分析，2018年至今进入稳定的成长阶段，我们对相关数据进行了汇总分析。

2 数据来源：中国音像与数字出版协会数据。

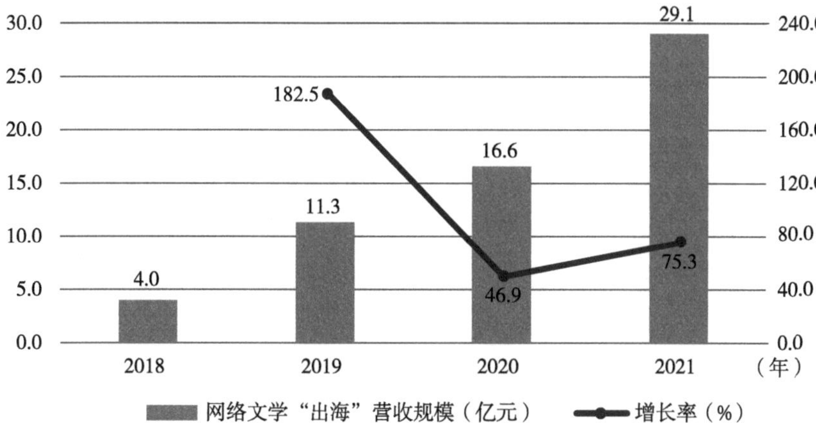

图 1-6　2018—2021 年中国网络文学“出海”营收规模

第三章

服务保障能力有效提升

党的十八大以来，网络文艺获得了前所未有的重视，网络文学产业蓬勃发展，面貌一新，网络文学行业服务人民群众文化消费的能力有效提升，服务内容行业IP孵化和衍生的能力有效提升，推进中华文化“走出去”的能力有效提升，行业高质量发展的水平有效提升。主要体现在以下4个方面：

一、成为深入推进全民阅读、数字阅读的重要力量

进入新时代，网络文学作品的数量和质量、作者与读者的规模和层次稳步提升，为深入推动全民阅读，大力建设书香中国起到了重要的作用。中国音像与数字出版协会发布的《2021年中国数字阅读报告》显示，2021年，网络文学作品规模占数字阅读（含有声）作品规模的92.97%，是数字阅读作品的主要类型，而整体规模超过2000万人的作者队伍，以及一批高校教师、公务员、国企职工、扶贫干部、警察、现役军人、科研人员、医务工作者等兼职写作者的加入，在不断生产更多更丰富的高质量、高品位的文学作品的同时，极大地吸引了各行各业、各年龄段的读者群体。2021年，网络文学用户规模累计达到4.9亿人，占到数字阅读用户规模（5.06亿人）的96.84%。随着付费阅读与免费阅读的融合发展，以及微信、浏览器等推广渠道的发展，网络文学将覆盖更大规模的用户群体，进一步激活下沉市场。

二、以内容建设为根本助推全行业的高质量发展

进入新时代，网络文学高质量发展成为行业共识，内容建设作为最根本的发展举措和核心目标得以巩固。在社会引导、平台鼓励和行业监管的合力作用下，由题材、类型和主题建构起的内容要素市场得到充分发展，网络文学呈现出兼具现实性、专业性和多元化的高质量发展态势。

网络文学从初期的玄幻、奇幻、武侠等类型小说逐步发展出了都市、军事、历史、科幻、医疗、工业、教育、传统文化等类型，形成了20余个大分类200余种小分类[1]。越来越多的创作者将当代主流思想逐渐融入创作体系，在传播主流价值、弘扬正能量、继承中华优秀传统文化、展现中国精神等方面取得了重要进展。

相关数据显示，2021年全国主要文学网站现实题材作品存量超过130万部，新增现实题材作品27万余部，同比增长27%[2]，远高于网络文学作品整体规模10.3%的增长率。科技创新、国企改革、脱贫攻坚、民生保障、医疗卫生等如火如荼的社会生活实践为网络文学带来了新的创作源泉，现实题材已然成为网络文学创作的主旋律和增长点。

三、在IP产业链中的源头和引领作用不断增强

网络文学以其丰富的题材类型、巨大的作品存量和不断升级的内容品质稳居IP文化产业链的核心位置。过去10年，网络文学已经成为了IP产业链的源头活水，为有声读物、动漫、游戏、影视剧等领域储备了丰富的内容势能，网文与影视、动漫等双向赋能，产生IP联动效应，在完善版权保护的基础上辐射带动下游文化产业发展，在构建全IP运营生态的同时，为受众提供优质的内容，记录时代发展，传播中华声音，实现了社会效益

1 人民日报. 新技术与新美学造就新精品［EB/OL］.（2021-04-30）[2022-08-15]. https://www.xuexi.cn/lgpage/detail/index.html?id=17440937525128202119.

2 数据来源：《2021中国网络文学蓝皮书》。

与经济效益的统一。中国音像与数字出版协会的数据显示，2021年，网络文学的IP改编量达到8583部，有声读物、影视剧和动漫是其主要改编方向。在豆瓣发布的2021年剧集榜单中，前20名的作品中包含了12部改编自网络文学的作品，占比达到60%；《2021年中国网络文学发展研究报告》显示，2021年上线的114部青少年动漫剧新作中，网络文学IP改编作品有72部，占比达63%，进一步证明了网络文学在IP文化产业链中的核心资源地位。

四、成为讲述中国故事和传播中国文化的重要载体

党的十八大以来，随着我国综合国力的不断增强，国际关注度和影响力不断提升。网络文学作为互联网时代的文艺创新形式，成为传播中国文化、彰显国家文化软实力的重要载体。

一是“出海”作品规模壮大，2021年，“出海”作品总规模达到31.46万部，占全部网文作品的9.8‰；二是海外用户和海外作者规模持续扩大，2021年，网络文学海外用户突破1.45亿人，海外下载量达10.7亿次，超过20万名外国作者用他们的母语在中国网络文学的海外网站上进行网文创作[1]；三是传播范围覆盖全球，网络文学海外市场已经从早期的以东南亚、北美为核心，扩展至欧洲、日韩、非洲等地区，已覆盖40多个“一带一路”沿线国家和地区；四是“出海”方式全面升级，网络文学“出海”经历了从国内作品翻译、IP改编（版权）输出，到建立海外平台、输出产业模式，再到有意识地将“作品出海”与提升中国文化价值观的全球认同联系起来。

网络文学行业助力中华文化“走出去”，走出了一条从“作品出海”“版权出海”到“模式出海”再到“文化出海”的发展路径，为讲述中国故事、弘扬中华传统文化、增强中国文化自信、推进世界文明互鉴和文化交流起到了不可替代的重要作用。

---

1 数据来源：《2021中国网络文学蓝皮书》。

第二篇

2021年

中国网络文学发展报告

第一章 产业发展情况

2021年，我国网络文学行业发展平稳，产业规模增长较快，收入结构更加合理，“出海”步伐更加稳健。

一、2021年整体情况

网络文学的发展打开了“全民写作”的大门，在国家相关管理部门的政策支持和科学管理下，产业规模逐年增长，优质作品层出不穷，远播海外，近年更是在全媒体和跨产业融合方面不断取得新突破，在满足人民精神文明需要、丰富国民精神文化生活中发挥着越来越重要的作用，为我国文化产业的发展和繁荣不断贡献积极力量。网络文学已经超出了阅读的层面，逐渐发展成为一种文化，一种影响深远的社会现象。

（一）市场规模稳步增长，质量变革激发创新动力

中国音像与数字出版协会的数据显示，2021年网络文学市场规模进一步壮大，约为267.2亿元，较2020年的249.8亿元增长17.4亿元，同比增长6.97%，具体如图2-1所示。

从图2-1可以看出，近年来，我国网络文学市场规模一直稳步增长，从2017年的129.2亿元到2021年实现翻番，累计增长率达106.8%，年均复合增长率约为19.9%。

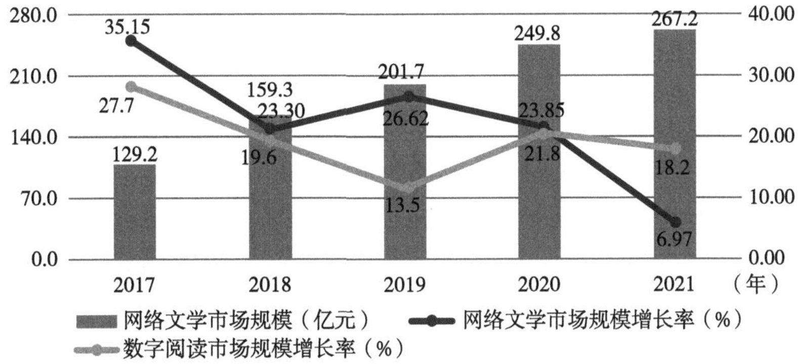

图 2-1　2017—2021 年中国网络文学行业市场规模

网络文学市场规模的稳步增长，主要得益于多方的共同努力。行业主管部门大力出台相关政策法规，规范产业秩序，引导产业健康有序、可持续地发展。企业平台不断优化服务，业内开展继续教育和培训持续提升从业者素养，作者培育机制不断健全。此外，优秀网络文学作品的经济效益和社会效益不断凸显，现实题材作品大放异彩，现象级作品不仅为作者本人和平台带来了巨大的经济利润，更是在全IP产业链的孵化下产生了广泛的社会影响力。再加上近年来关于网络文学产业的研究越来越丰富，从政策法规、媒体传播、产业发展等角度引导和推动了网络文学向高质量方向发展。

需要注意的是，网络文学市场规模虽然逐年增长，但增长趋势却在放缓，特别是市场规模增长率从2020年的23.85%直接下降到2021年的不到7%，降幅超过2/3。结合数字阅读市场规模的增长率来看，2017—2020年这4年间，网络文学市场规模的增长率一直高于数字阅读，对数字阅读市场规模的扩大起到拉升作用，而2021年却急速下滑至历史新低。分析其原因在于网络文学产业增速的放缓其实与数字文化产业增速的放缓道理相同。虽然网络文学产业发展多年以来一直保持高速增长，但随着新业态、新模式的不断涌现，前期指数级的膨胀带来了质量滞后的问题，令高速发展难以为继，需要一定的时间完善产业政策和法规制度、优化企业服务、激发产业创新能力、提升人员素质和作品质量等，从而支撑产业后续的可持续发展。

2021年，网络文学市场仍旧处于由规模增长向质量提升的重要变革阶段，在信息过载的时代，只有优质的内容才能吸引用户的注意力，占用用户有限的时间。因此，增速的放缓并非完全是一件坏事。另外，短视频和有声读物市场虽然在一定程度上遭遇了发展的瓶颈，但仍然是当下时兴的休闲娱乐方式，视频化阅读和音频化阅读也悄然流行起来，形成了替代效应，压缩了网络文学市场的空间。

（二）营收结构基本稳定，版权和广告收入高速增长

2021年网络文学产业在订阅、版权和广告3个板块的收入均有所增长，其中版权和广告收入增长幅度较大，整体营收结构与上年大致相同。中国音像与数字出版协会的数据显示，2021年网络文学市场的订阅收入、版权收入和广告收入分别为128.38亿元、67.88亿元和56.39亿元，另有其他收入（含硬件、衍生品、B2B等）14.59亿元，分别占总收入的48.0%、25.4%、21.1%和5.5%，具体如图2-2所示。

2021年与2020年的数据相比，订阅收入、版权收入和广告收入分别增长3.48亿元、7.18亿元和8.42亿元，增长率分别为2.79%、11.83%和17.55%，其他收入较上年降低1.65亿元。从各板块收入对网络文学产业整体规模增长的贡献率来看，产业规模的增长几乎有50%来自广告收入，超过40%来自版权收入，而作为产业发展初期主要来源的订阅收入，对2021年产业的收入增长仅贡献了20%。

结合图2-2和图2-3来看，最明显的“矛盾”在于订阅收入虽然在营收占比中占据主要地位，但对于2021年产业规模增长的贡献率是最低的，而广告收入在2020年异军突起，虽然在3个板块的营收占比中依旧最少，但对于产业规模增长的贡献却超过了订阅收入和版权收入。免费模式的兴起带

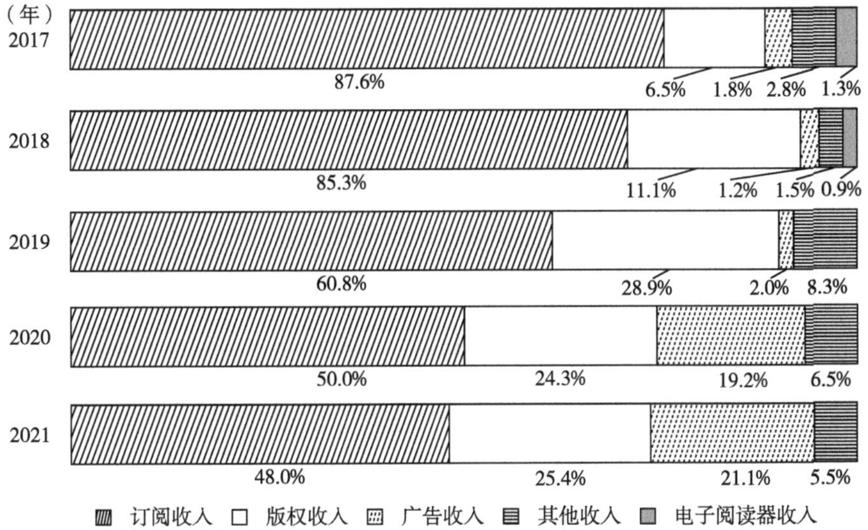

图 2-2　2017—2021 年中国网络文学行业营收结构

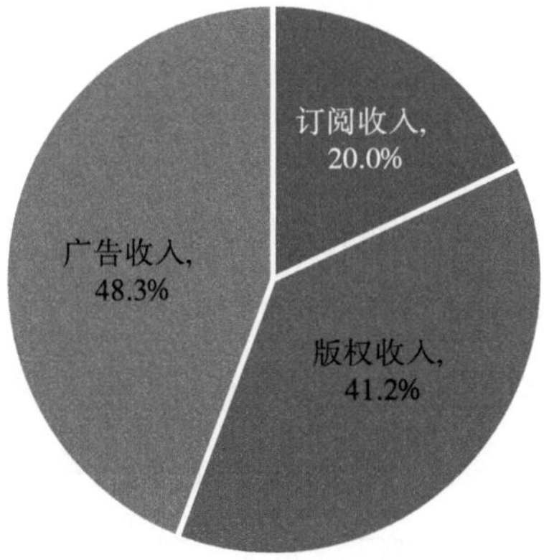

图 2-3　2021 年各板块收入对产业规模增长贡献率[1]

动了广告收入的激增，不仅抢占了付费模式的部分市场，更是得到了数以亿计的原先盗版网站用户的拥护，而付费模式虽然让出了部分市场，但龙头地位并未被动摇。未来付费模式和免费模式将会继续对市场进行划分，各

1　贡献率总和超过 1 是因为其他收入板块增长为负数。

自维护属于自己的用户群体，市场最终会在两种模式之间找到新的平衡点。

（三）加快全球战略布局，构建文化全球传播体系

2021年12月，中国文联十一大、中国作协十大开幕式上总书记强调，希望广大文艺工作者用情用力讲好中国故事，向世界展现可信、可爱、可敬的中国形象。立足中国大地，讲好中国故事，以更为深邃的视野、更为博大的胸怀、更为自信的态度，择取最能代表中国变革和中国精神的题材，进行艺术表现，塑造更多为世界所认知的中华文化形象，努力展现一个生动立体的中国，为推动构建人类命运共同体谱写新篇章。这为网络文学传播中国声音、展现中华文化指明了发展方向。许多海外读者正是通过网络文学认识了中国，对中国的文化和精神产生了兴趣，网络文学在塑造中国形象、加强国际传播能力建设方面正发挥着重要作用。

依托“一带一路”倡议和多年的海外市场开拓，我国网络文学“出海”的辐射面逐渐从以亚洲和北美洲为中心向欧洲、非洲等地区蔓延，在“一带一路”沿线的亚洲、非洲和拉美国家快速扩张，目前覆盖了全世界大部分国家和地区，国际传播成效显著。2021年网络文学加速“出海”，中国音像与数字出版协会的数据显示，2021年网络文学累计“出海”作品共计31.46万部，占全部网络文学作品的9.8‰。

中国网络文学丰富的题材、极具个性的内容以及开阔的想象力从一开始就为其快速打开海外市场、吸引海外读者目光奠定了基础。在内容上，随着网络文学内容精品化趋势日益显现，现实题材作品备受关注，“出海”的网络文学题材多样化，不再拘泥于最初的武侠、玄幻和言情题材。针对文化差异和语言差异，业内企业在打通语言障碍这一道屏障时不遗余力，积极培养和招募不同语种的译者，同时在人工翻译的基础上开发智能翻译系统，借助人工智能缩短翻译周期，提高精确度，未来“人工智能翻译+人工审校”可能成为主流的翻译模式。

从最初的网络文学“作品出海”，到现在的网络文学“文化出海”，我

国的网络文学已经完成了质的转变。虽然“翻译出海”依旧是走出国门的主要模式，但各网络文学平台已经开始布局海外本土化市场，不仅培育了海外本土作者，创作兼具网文形态和本土风情的网络文学作品，同时也将付费阅读、网络文学IP孵化等运营模式推向海外，构建了海外运营生态，网络文学在国内的多版权形态输出成为新的海外传播模式，热门网络文学IP纷纷被改编为游戏、动漫、影视剧等，在海外平台发布。

二、年度特征分析

（一）现实题材创作进一步深化，更多优秀作品书写时代风貌

自党的十八大以来，多部优秀的现实题材网络小说荣获中宣部“五个一工程”奖，荣获年度“中国好书”称号，如有根植于传统文化的《庆余年》《琅琊榜》，有聚焦中国工业发展的《大国重工》《材料帝国》，还有描绘普通人生活的《中国铁路人》《大医凌然》《朝阳警事》等，百余部不同题材类型的优秀网络文学佳作被国家图书馆典藏，这些奖项的获得和社会的认可标志着网络文学迈向主流化、经典化。

2017年党的十九大报告中指出，要加强互联网内容建设，加强现实题材创作，不断推出讴歌党、讴歌祖国、讴歌人民、讴歌英雄的精品力作，首次将现实题材作为国家倡导的网络文学创作方向。在国家政策的不断引导下，网络文学开启了“去浮游化”之路，反映时代特征、基层生活、社会矛盾的现实题材作品关注度节节攀升，吸引更多优秀创作者加入现实题材创作队伍，社会影响日益扩大。

目前，现实题材作品已经迎来爆发期。阅文的业绩报告显示，现实题材作品在2016—2021年6年内复合增长率超过30%，位于全品类第二。2019年新中国成立70周年、2020年新冠肺炎疫情突发、2021年中国共产党成立100周年，以建党建国、脱贫攻坚、抗击疫情等为主题的现实题材网文佳作频出。除了大国叙事作品外，现实题材作品内容的专业度也在提

升，许多一线工作人员加入创作行列，取材于生活，用第一视角对以平凡小人物为主线的基层英雄进行描摹。

此外，相关主体相继举办现实题材网络文学创作比赛，进一步引发现实主义创作热潮。中国作协网络文学中心启动庆祝中国共产党成立100周年网络文学“百年百部”系列活动，作为对建党百年的献礼。同样由中国作家协会网络文学中心等指导的“新时代的中国”第二届全国网络文学现实题材主题征文大赛也在2021年落下帷幕，22部获奖优秀作品书写时代风华。阅文2017年举办首届现实题材网络文学征文大赛，至2021年已经是第五届。本届征文大赛共19256人参赛，同比增长40.6%；参赛作品共计21075部，同比增长42.4%，参赛作品和参赛人数均再创新高。本次获奖作品中，特等奖作品《奔腾年代——向南向北》的创作者“眉师娘”年龄仅20岁出头，作品讲述了20世纪90年代几个小人物为了生存和理想，野蛮生长的故事；一等奖作品《与沙共舞》则塑造了一家中国公司在开拓中东、北非电信市场历程中的青年群像。七猫中文网主办第一届现实题材征文大赛，鼓励全网作家以“讲好中国故事 讴歌伟大时代”为主题，围绕“百年华诞”“强国之志”“民族故事”“最美家乡”4个方面展开创作。

（二）免费与付费模式互促共进，关键和根本依然是优质内容

网络文学在发展初期就是免费阅读模式，付费模式则是由起点于2003年推行后在行业内得到普及，到2018年，以番茄阅读和七猫阅读为首的阅读App打破了原先的网文阅读市场格局，免费模式再度兴起。

在互联网普及的大背景下，免费模式的平台方将下沉市场的用户群体作为主要目标，以付费模式为依托，通过商业广告的方式将付费行为从用户转嫁到广告商身上，平台方以广告变现为主要盈利渠道，配合“付费去广告”的增值服务进行盈利，也有部分优质内容在更新阶段付费，完结后又可以在免费平台上获取二次收益。同时，免费阅读平台还需要与盗版网站争夺用户流量。从逻辑上讲，比起盗版小说，付费意愿低的读者应该更

愿意选择免费模式下的正版小说。免费模式能够将这一部分读者从盗版网站、贴吧等阅读平台吸引过来，对于产业和市场的规范发展具有重要意义。

固定时间内平台能够投放的广告数量是一定的，因此对于免费平台而言，利用大数据精准投放用户喜爱的小说，从而延长用户在平台停留的时长才是平台运营的目的，读者更多地点击广告甚至下载广告中的App，平台方才能更好地盈利。然而这一阅读模式注定了平台方看重的是读者的流量而非真正的阅读行为，作者的收入不再依靠读者，而是与作品广告的点击量挂钩，作者的注意力也从文学创作转向如何引流，导致作品质量良莠不齐。就这一角度而言，流量红利过后的免费阅读模式在未来的发展也存在一定的隐患。

相比之下，付费平台关注的是用户的付费转化率和订阅率，虽说随着IP价值的开发，订阅能为平台带来的收入正在逐渐被压缩，但付费阅读是最初支撑起网络文学产业发展的核心要素，至今也是主流阅读模式，未来有可能向精英化阅读的方向发展。

无论是关注订阅率和打赏的付费阅读模式，还是关注流量的免费阅读模式，最重要的都是平台所提供的内容。付费阅读内容更加优质，读者愿意花钱看小说；免费阅读内容更加优质，读者停留时间更长，平台流量更大，最终让用户买单的还是内容。

（三）泛娱乐产业生态加速融合，"轻衍生"成为开发着力点

网络文学IP自2015年以来一直受到市场和资本的追捧，IP市场大热，催生了泛娱乐化的产业生态，新业态进一步促进IP上下游产业的深度融合，IP价值进一步凸显，成为推动网络文学产业横向和纵深发展的重要力量。

2021年2月，由中国电影家协会指导，中国电影家协会编剧教育工作委员会与北京电影学院中国电影编剧研究院联合发布的《2019—2020年度网络文学IP影视剧改编潜力评估报告》指出，在2018年和2019年的共309

部热播影视剧中，由网络文学IP改编的作品有65部，占比超过两成；热度最高的100部影视剧中，由网络文学IP改编的作品占比超过四成，撑起了近半壁江山。

“网络文学+音频”和“网络文学+短剧”的IP“轻衍生”成为IP开发的着力点和改编热门。近年来有声读物市场规模升温，业内企业抓住市场机遇，纷纷布局有声读物赛道，从与音频平台的强强联合到发展自己的有声读物平台，实现从文字到音频的快速孵化。抖音、快手等短视频平台大热，内容推荐精准，形式新颖，网络文学面临读者分流的境况。在此背景下，出现了“网络文学+短剧”的创新文学形式，形成了新的传播模式。短剧制作不仅周期短，成本低，而且二者的互动对于网络文学的传播与经济价值提升具有重要意义。短视频在展现其跨界融合价值的同时，带动网络文学运营机制形成突破。创作优秀的网络文学作品，促进网络文学与其他媒体形式的融合，大力开发IP价值，推动数字文化产业业内联动，提升产业活力，成为了高质量发展的重要驱动力。

由网络文学IP向下游文化产业的再创造需要经济效益与社会效益的统一。网文头部IP配合“顶流爱豆”的模式在市场的验证中屡屡受挫，可见网文IP的跨界改编不是顶着大IP的名号生搬硬套就能成功的，产业生态已然发生变化。故事内容、角色诠释、制作班底的相辅相成成为了IP剧长期发展的基石。网络文学IP虽是创意产业链的源头，但要想延伸IP的价值链，提升附加值，就需要倚重下游企业对IP的二次创造，注重改编质量，以精品化为目标，这样才能在万亿大文娱产业中走好IP市场的发展之路。

三、存在的不足和问题

（一）网络文学理论研究滞后，评价机制尚需健全完善

相对于正在“井喷式”发展的网络文学创作实践，网络文学的理论研究、批评引领明显滞后。从历史上看，传统文学是在作家和批评家们的共

同努力下逐渐走向繁荣的。相比传统文学，网络文学最大的问题就在于缺乏评价体系。网络文学的迅速发展也就是近30余年的事，而网络文学的艺术标准和思想标准还未成熟，相较于网络文学的迅猛发展，网络文学的研究是明显滞后的，这表现为从整体上对网络文学的创作规律、传播特点、价值取向、接受群体缺乏全面的把握。

我们要加强关于网络文学的理论研究，在各相关高校、研究机构、新闻媒体中培养一支富有责任意识、熟悉网络文化的理论研究队伍，一方面，通过他们的批评活动，进一步认清网络文学的特点，掌握网络文学发展的规律，引导网络文学的健康发展。另一方面，通过他们的研究与批评，逐渐形成共同的思想标准与审美标准，引导广大青少年正确对待网络文学，能够避免网络文学中的消极因素的影响。

（二）作家培养扶持力度不足，行业发展还需更多激励

网络文学作为一种新生事物，尚处于不断发展、成熟的过程中，其中难免存在着各种各样的问题，尤其是网络文学作家以年轻人为主，他们的生活阅历较为简单，缺乏较为深厚的文化积淀，在创作水准方面存在着严重的先天不足。针对这种情况，我们应加强对网络文学作家的扶持力度，通过各种方式帮助他们认识到生活本身的丰富性，提高他们的文学素养和审美水平，鼓励他们实施精品战略，在实践之中形成网络文学的审美标准，形成导向，助推网络文学走上健康发展的轨道。

近年来，相关机构先后把网络文学作品纳入茅盾文学奖的评奖范围，这对于鼓励广大网络作家致力于精品创作是具有很大意义的。同时，当年明月、唐家三少等一批当红网络作家被纳入中国作家协会，鲁迅文学院还专门举办了网络作家培训班。这些举措都体现出国家对于网络文学的一种扶持、引导态度，很值得推广。但相对于影响力日渐扩大的网络文学而言，我们的这些引导与扶持还应进一步加强。这些举措可以帮助网络文学作家们增强责任感和使命感，帮助他们认识到，网络文学不仅具有消遣和

娱乐的功能，而且还有着引领时代文化、塑造人类灵魂的责任。这些举措可以引导广大网络文学作家走出狭小的个人空间，融合到广阔的时代、社会发展进程之中，写出有温度、有厚度的网络文学作品。

（三）侵权盗版行为依然猖獗，维权需建立常态化机制

网络文学“井喷式”的发展让网文产业进入了红利期，但网络文学盗版现象一直是影响产业发展的绊脚石。盗版网站猖獗，读者版权意识淡薄，付费意愿不高，平台、作家，甚至读者都深受其害。中国版权协会发布的《2021年中国网络文学版权保护与发展报告》显示，2021年网络文学产业受盗版影响所造成的损失在60亿元以上，同比上升2.8%，保守估计，盗版已侵占网络文学产业17.3%的市场份额，近5年（2017—2021年）网络文学产业受盗版影响所造成的损失累计高达311.4亿元。截至2021年12月，网络文学盗版平台整体月度活跃用户量约为4371万，占在线阅读用户量的14.1%，多数网络文学平台每年有八成以上的作品被盗版，其中头部平台每年被盗版的作品量达到3000部以上，近七成的网络文学平台和近八成的网络文学作家认为搜索引擎是网络文学盗版内容传播的主要途径。82.6%的网络作家深受盗版侵害，频繁遭受盗版侵害的作家占42.7%，而主动维权的作家仅为25.2%。

盗版平台、搜索引擎和应用市场是盗版侵权的三大主要途径，其中盗版平台被认为是侵权最严重的途径，搜索引擎则是侵权的主要途径。以“笔趣阁”为代名词的盗版网站层出不穷，从网站设计到内容采集、广告获利，再到搜索引擎通过竞价排名服务为盗版网站引流，网络文学盗版网站已经形成了一条完整的灰色产业链，且入门门槛极低，从网上就可以找到商家进行网站搭建，甚至从域名到服务器都可以轻松买到，2个小时就可以成形。设置采集规则后，小说会自动更新，后续再配合广告联盟，从广告的点击量获利。盗版平台负责盗版、分发和广告，利用搜索引擎竞价排名、聚合链接并提供转码阅读，盗版阅读App“钻空子上车”，科技发

展也降低了盗版侵权的成本。还有一些人会通过网盘、论坛、贴吧、自媒体平台等渠道发布盗版链接，云储存隐蔽性较强，而论坛和贴吧又较多依靠人为的管理和规范，因此难以进行有效预防。另外，除了对内容文本的盗版侵权外，一些商家还很看重IP流量，制作生产作品中人物形象、剧情等的周边产品，同时对正版周边进行仿制，这种对实体衍生品的侵权模式当下也十分盛行。

盗版问题由来已久，尤其在互联网的大环境下，传播速度和范围难以估量，盗版成本低，维权成本高，有利益缺口就有灰色产业链的形成。针对盗版现象，近年来国家积极出台整顿政策，不断加大版权保护力度，针对互联网条件下的著作权问题做出新的规定，在版权保护技术的开发利用和版权法律体系的建立健全两个方面同时提高侵权的违法成本，加大处罚力度，遏制盗版现象；国家“剑网行动”的贯彻落实加大了对侵权行为的打击力度；业内企业和平台也在不断完善保护机制；作家协会和众多网络平台以及网络作家也联名发起倡议，呼吁整顿搜索引擎和应用市场，打击盗版行为。要彻底斩断网络文学盗版侵权的产业链和利益链，还需要国家、企业和消费者从技术、法律、市场等多个方面共同努力，形成常态化的监管和维权机制。

第二章

作品分析

本章将从网络文学作品的整体规模、主题出版、IP开发及“作品出海”情况4个方面对2021年网络文学作品的发展情况进行分析。

一、作品规模稳步增长，助力全民阅读更快发展

中国音像与数字出版协会数据显示，2021年网络文学作品规模达到3204.6万部，占数字阅读（含有声）作品规模（3446.8万部）的92.97%，在数字阅读作品中占据绝对地位。与2020年相比，2021年网络文学作品规模增长298.7万部，增长率约为10.28%，具体如图2-4所示。

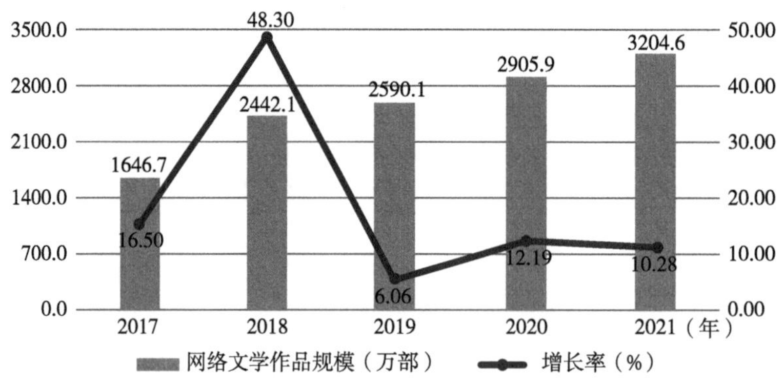

图 2-4 2017—2021 年中国网络文学作品规模

从图2-4可以看出，网络文学作品规模一直处于增长阶段，从2017—2021年的5年间，作品总量从1646.7万部增长至3204.6万部，几乎翻番。作品规模的增长自2019年以来已经趋于平缓，近两年的增长率同比均略高于10%。

互联网作为一种新的媒介形式不断发展和普及，加之智能手机和移动平台的广泛使用，为受众接触文学作品提供了坚实的基础。相对于纸质媒体的传统书写和阅读，在教育普及和网络技术的支持下，文学创作和阅读的门槛被降低了，这种降低使得创作者能够随时加入写作的行列。

另外，由于网络文学平台化特征突出，广大受众可以随时接收到开放平台的推送信息，随时加入到阅读的行列；同时由于网络文学作品的转化能力强，形成的产品和服务类型多，为促进我们当前所倡导的全民阅读产生了不可替代的作用。

二、经典礼赞建党百年，现实题材创作持续深化

2021年是中国共产党成立100周年，为营造全面深入开展党史学习教育的浓厚氛围，展现我们党矢志践行初心使命、筚路蓝缕奠基立业、创造辉煌开辟未来的百年征程，发挥网络文艺的独特作用，中宣部文艺局协调文化和旅游部市场管理司、广电总局网络视听节目管理司、中国作协网络文学中心等指导开展“光辉历程：庆祝中国共产党成立100周年优秀网络文艺作品展示”活动，集中展示新创主题性网络文艺作品及相关经典作品。推荐的优秀网络文学作品包括《传国功臣》《火种》《特别的归乡者》《共和国医者》《百年家书》等共计24部。

2021年8月23日，国家新闻出版署公布了首批入选“优秀现实题材和历史题材网络文学出版工程”的作品名单，《王谢堂前燕》《关河未冷》《秦吏》《我不是村官》《他从暖风来》《大茶商》《情暖三坊七巷》《樱花依旧开》《重卡雄风》9部作品入选。这些作品聚焦现实题材和历史题材，从不同视角书写伟大时代、伟大民族，在同类作品中具有代表性，受到了较好的社

会反响，体现了当前我国现实题材和历史题材网络文学创作出版的较高水准。

2021年，网络文学主流化、精品化进程加快，现实题材创作进一步深化。全国主要文学网站新增现实题材作品27万余部，同比增长27%，现实题材作品存量超过130万部，一批优秀现实题材作品受到了热烈的反响；新增科幻题材作品近22万部，同比增长23%，科幻作品存量超过110万部；新增历史题材作品22万余部，同比增长11%，历史题材作品存量超过230万部。[1]

2021年，现实题材作品的创作持续得到深化，网络文学行业正在追求内容精品化、发展高质量的过程中迎来新的发展机遇期。

三、IP开发能力强，对产业链扩张影响深远

网络文学IP以自身内容为原点，与影视、动漫、有声、游戏等产业进行跨界融合，通过对同一IP版权的多元化运营，在保留自身内容的基础上向不同产品形态延伸，不断渗透文化产业的各个领域，形成产业联动，促生了泛娱乐全产业链发展生态。优质的网络文学IP为产业带来了流量，也带来了资本，再加上近年来国家加强对IP版权的保护力度，出台利好政策推动文化产业联动，网文IP已经不再局限在知识产权层面的意义上，而且逐渐发展成为一种产业符号。

根据中国音像与数字出版协会的数据，2021年网络文学的IP改编数量为8583部，较2020年的8059部增长了6.5%，具体如图2-5所示。

除了IP衍生所附带的巨大经济价值外，近两年网络文学产业提质增效，网络文学内容质量不断提升，IP的影视剧和动漫改编在经历2019年的爆发和2020年的沉淀后，逐渐向着社会效益和经济效益相统一的方向发展，在选题上不再局限于言情、武侠和玄幻类的作品，而是更多地选择能够反映国情民情和生活百态的现实题材作品，这不仅更能引起消费者的共鸣，还可以引发消费者对社会现象进行思考。再加上短视频的造势宣传和

1 数据来源:《2021中国网络文学蓝皮书》。

微短剧的兴起，2021年的网络文学IP改编在数量和质量上都有了显著的增长和提高。

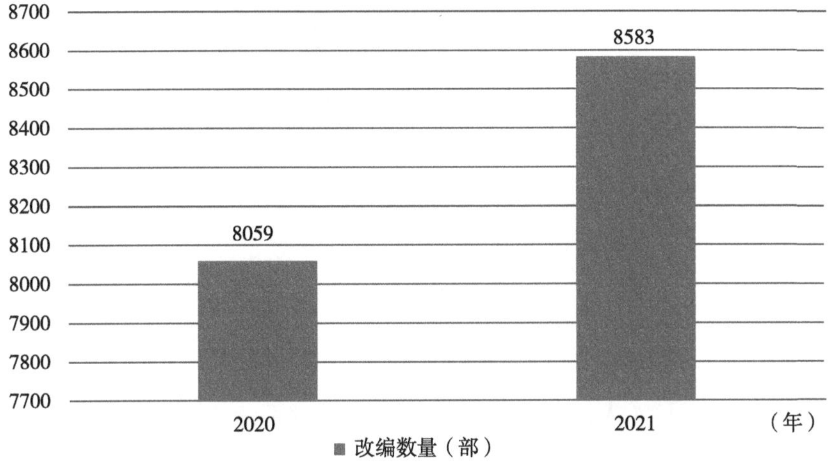

图2-5 2020—2021年中国网络文学IP改编数量

中国音像与数字出版协会的数据显示，2021年中国网络文学IP营收规模约为41.31亿元，相较于2020年虽然有所增长，但尚未超过2019年的高峰。

近年来，网络文学IP产业链之所以如此成功，与粉丝经济有很大关联。网络文学IP在诞生之初就具有一定的粉丝基础，原著粉丝是网络文学IP的核心粉丝群体，在后续的IP衍生中，重点在于IP的改编能够获得原著粉丝群体的认可和支持，粉丝主动宣传造势，从而形成口碑效应。此外，20多年来，互联网催生了网络文学，网络文学为全社会贡献了许多精品力作，它作为内容的源头，对影视、游戏、动漫、文创、文旅等各个行业都影响深远，受到了高度关注和认可。

四、“出海”总量再创新高，“走出去”成必然选择

自党的十八大以来，我国大力提倡海外文化产业发展，注重中华优秀传统文化的输出，要让世界看到中国模式、听到中国故事，在反映民族特

色文化的同时彰显文化自信。网络文学是我国文化输出的中坚力量，海外翻译和创作的优秀作品能够引起读者的情感共鸣，进而实现文化上的共振，是极具代表性的中华优秀传统文化符号。近两年，网络文学在国家政策的积极引导和企业平台的创新与尝试下，海外市场得到进一步扩展，本土化传播体系基本形成，“出海”生态进一步完善。

中国音像与数字出版协会的数据显示，在未区分重复授权、多语种翻译、授权地区及海外原创等因素的情况下，我国网络文学“出海”作品总量为31.46万部，占国内市场网络文学全部作品数量的9.8‰。同时，影视剧《赘婿》《斗罗大陆》《雪中悍刀行》等先后登上欧美主流视频网站，在全球上百个国家和地区热播。在我国建党100周年之际，五洲传播出版社挑选《玉堂酱园》《人民医生》等多部反映建党百年中国社会发展的现实题材网络文学作品，在自建平台上进行翻译连载，反响热烈。其自建平台that’s book阿拉伯语App下载量超过640万次，被阿拉伯主流媒体评价为“送给阿拉伯读者的中国礼物”。中文在线开发的“出海”图书应用Chapter、阅文的Webnovel、字节跳动的Fizzo Novel等也频频登上海外图书应用下载榜单前10名。

目前，我国网络文学的海外市场已经从东南亚、北美等地区扩展到欧洲、非洲等，逐渐遍布全球。网络文学企业在进一步扩展“翻译出海”和“版权出海”业务的同时，大力搭建海外平台，打造本土化运营生态，吸引本土创作者，根据不同地区不同读者的偏好进行创作。本土化的海外原创方式直面海外受众群体，当地读者的接受度也更高，而且许多海外创作者受到早期阅读的中国网络文学翻译作品的影响，在创作过程中融合了仙侠、道法等中国传统文化元素，不仅显现出前期“作品出海”的成效，也有利于我国特色文化元素的进一步传播。此外，借鉴网络文学在国内的成功经验，海外平台根据海外读者量身打造本土化付费阅读体系，逐步建立起了海外付费订阅和打赏等机制。

第三章

作者分析

2021年与过去几年相比，作者队伍迅速扩充、流动性加大，除了延续规模仍稳步增长等趋势，学历、年龄等方面结构更加优化，专业化、稳定性、综合素质等方面都呈现出持续向好的态势。

一、留存率大幅度提升，打造成长体系势成关键

随着网络文学市场运营模式、用户群体等方面逐步走向成熟，网络文学形成独特、稳定的行业发展模式，也对供给端（即作者）的规模增长和留存产生了积极影响。网络文学作者规模从2017年的1400万人，增加到2021年的2278万人，逐年增加人数达百万人以上，具体如图2-6所示。

虽然与往年相比，2021年网络文学作者增速有所放缓，但是整体上仍处于快速增长阶段，并且越来越多的优质网络文学作者在平台上持续更新，留存比例逐年上升。

在2020年，由于新冠肺炎疫情引起的网络文学产业跨越式发展后，网络文学作者数量整体有所增长，但增速放缓，与近两年平稳增长的网络文学市场规模相辅相成。同时，2021年笔龄在3年以上的网络文学作者占比高达65.6%，比2020年增长9.3%，这也从侧面反映了网络文学作者群体趋于稳定，具体如图2-7所示。

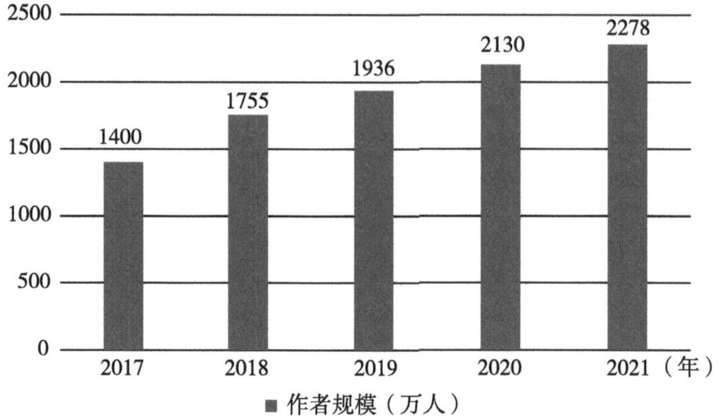

图 2-6 2017—2021 年中国网络文学平台注册作者规模

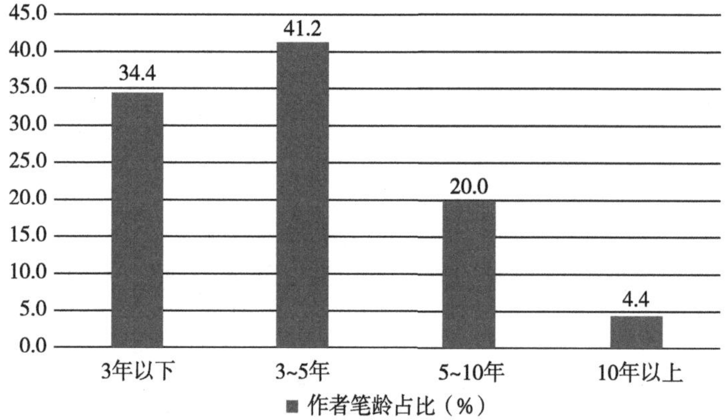

图 2-7 2021 年中国网络文学作者笔龄分布情况

作者留存率正在大幅提升，尤其是很多笔龄长的作者，文风、语言、主题等方面更趋成熟，经过长期积累质量有了较为坚实的保障，这也是网络文学产业能够稳步发展的重要基石。

网络文学平台在扩充作者队伍的同时，也十分注重对留存作者的培养。近年来，随着平台运营方向逐步聚焦高质量IP的打造和品牌塑造，对作者素质、作品质量和品类都提出了更高的要求。各大网络文学平台正在努力摆脱原有作者供给端粗放的运营模式，积极筹建和完善自身的成长通道和培养体系。各大平台积极尝试推出多项激励政策、完善作者培养框架，取得了一定成效。

首先，中国作协重视作家的价值取向和质量提升，组织了相关培训、宣讲和交流活动，例如网络文学青年创作骨干培训班、“建党百年”作者采风活动、网络作家在线学习培训班等，帮助众多网络文学作者提升创作站位，从而提升作品质量、引领价值导向。其次，各平台和地方为进一步挖掘民间力量，调动大众参与网络文学创作积极性，纷纷开办创作大赛。例如，2021年全国举办的扬子江网络文学作品大赛、大湾区杯（深圳）网络文学大赛、滇云网络文学大赛、两岸青年网络文学大赛、广西网络文学大赛、辽宁网络文学“金桅杆”奖等评选活动都获得较大反响，为网络文学产业输送了很多新鲜血液。最后，网络文学作者也在逐步建立行业秩序，并且逐步迈入主流文学创作领域，获得了文化行业专业部门的广泛认可。全国有20个省、自治区、直辖市纷纷成立网络作家协会，各级网络文学组织达140余个。同时，湖南还将网络文学作者纳入专业职称评选范围，助力网络文学作家成长体系日趋完善。

除此之外，全国各地纷纷建立起产业园区、创作基地等机构，例如成都的洛带·天府网络文学产业园、南京的网络文学谷、马栏山（长沙）视频文创产业园的中国网络文学小镇，阅文还在苏州高新区成立网络文学创作基地。通过产业集群的配备，集中为作者提供网文理论知识，提供一对一辅导，联动教培。同时，帮助作家把握网文行业的风向标，为作家创作提供方向指引。在推广、创作条件、保障配套等方面，都有对应的福利，不仅能够从源头引导网络文学健康发展，而且可以为优秀作品的生成、推出提供有力保障。

二、作者结构持续优化，专业化高学历趋势明显

从作者年龄分布上看，网络文学的创作主力仍然延续队伍年轻化特征，20~30岁占比为45.7%、31~40岁占比为34.4%，具体如图2-8所示。相较于2020年，“90后”“00后”作者人数仍有所增长，但是“80后”的创作

主体地位并未发生变化，作者队伍更趋稳定和成熟，为推出更多高质量的网络文学作品提供更雄厚的基础。

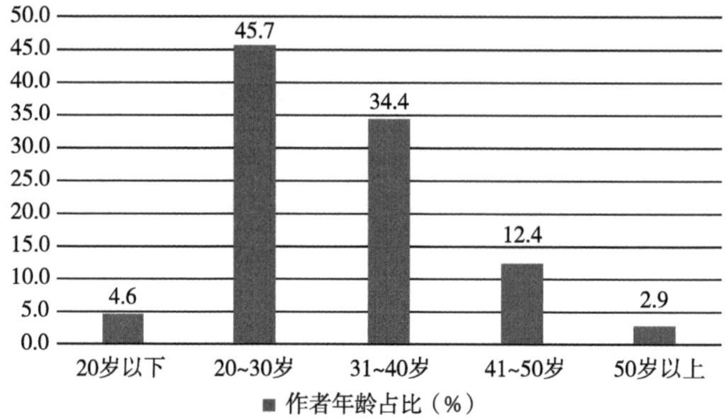

图 2-8　2021 年中国网络文学作者年龄分布

在男女比例上，自2019年女性作者占比超过男性作者后，2021年女性作者仍然处于领先地位，女性作者占比为51.15%，男性作者占比为48.85%，具体如图2-9所示。

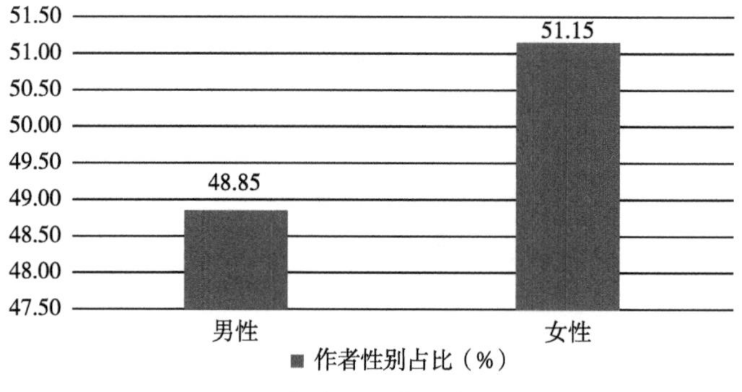

图 2-9　2021 年中国网络文学作者性别分布

随着越来越多有着不同专业基础、素养背景的作者参与到网络文学的作品创作当中，网络文学作品的多样性和专业性也在逐步增强。据统计，网络文学作家创作的人物职业就超过180种。这也与网络文学作者自身的职业身份息息相关，涉及医生、警察、退伍军人、扶贫干部、法医、律师、会计、工程师、设计师、技术员、销售员、大学教师、学生等等，他们通过亲身体验获取第一手生活素材，将专业经历、生活经历融入作品当中，推动了现实题材作品的成长。

可以看到，在这些专业化作者的加持下，网络文学现实题材的影响范围越来越广泛，也进一步提升了作者创作的热情。近年来，大批现实题材网络文学IP获得改编，市场潜力加大，尤其是在明星作者和优质作品的双重粉丝效应影响下，作品的传播渠道和受众范围得到进一步稳固和拓宽，助力现实题材作品不论是在规模，还是在产业发展上都实现了跨越式发展。

三、管理机制更趋完善，提升作者社会责任担当

作者是网络文学的第一生产力，各平台充分认识到作者的重要性，从源头做好作者管理工作，推动作者管理机制逐步健全、完善。从整体上看，各平台除了日常的作者恳谈会、内容把关审核外，都在积极推动以作者为中心的一站式培养管理生态的建设，形成了作者挖掘—联动培养—资质审核—福利奖励—服务保障配套的体系化管理模式。

在这样的管理机制引领下，可从源头为作者的写作方向提出指引，规范行业健康发展，为读者提供更多高质量的作品。例如中文在线就建立了完善的作家管理机制，从作者挖掘开始，对作者创作内容的把控、创作行为的引导等形成完善的管理体系。同时，还积极附加MCN（多频道网络）全媒体个人包装推广、线上线下多渠道同步宣发、公费旅行、作家年会、鲁迅文学院培训名额、各级作家协会推荐机会、影视改编或游戏改编反向定制拓展等服务保障活动，为作者营造良好的创作环境。

各平台在做好内部管理的同时，也在积极发挥其粉丝效应，组织发起多项公益活动，进一步激发网络文学作者的社会责任意识。2021年，在建党百年之际，网络文学平台组织作者赴上海、嘉兴、井冈山、延安、重庆

等地，祭拜英烈，缅怀英雄，采访先辈事迹，开展了一系列建党百年主题活动。另外，网络文学作者还在作协、平台等机构组织下，参与了许多扶贫、献爱心等公益活动。江苏开展“作家进校园，书香伴成长”公益活动，阅文、纵横文学、中文在线等发起并开展“益起夜读”“99公益日爱心行动”“助梦未来 · 益起奔跑”“声声不息”等公益项目。

第四章 用户分析

在2020年网络文学用户呈现爆发式增长后，2021年网络文学用户在用户规模、用户行为习惯等方面逐渐恢复正常稳步发展的趋势。随着网络文学IP开发的深入发展、作者明星效应的扩散和高质量作品的集聚产出，用户黏性得到进一步巩固，用户行为也开始呈现出一些新的特征。

一、群体规模仍具潜力，用户需求得到深度释放

2021年，随着互联网相关的大数据、云计算、人工智能等技术的加速创新，更快、更好地融入网民生活发展全领域全过程，我国网络能力持续提升，有效推动我国互联网产业持续展现发展活力和韧性，远程办公、在线医疗、社区团购等新业态持续发展，网民的社会文化需求得到进一步的满足和提升。

中国互联网络信息中心（CNNIC）发布的《第49次中国互联网络发展状况统计报告》[1]的数据显示，2021年，我国全体网民用户规模达到10.32亿人，相较于2020年12月的用户规模，增长率为4.34%，相较于2019年9.45%的增长率有所放缓；手机网民规模为10.29亿人，增长率为4.36%，相较于2019年16.41%的增长率有所削减。可以看到，我国互联网用户规模

1 中华人民共和国国家互联网信息办公室.第49次《中国互联网络发展状况统计报告》[EB/OL].（2022-02-25）[2021-09-12]. https://www.cnnic.net.cn/n4/2022/0401/c88-1131.html.

仍在不断扩大，尤其是移动客户端呈现稳步增长，网络文学的拓展应用和用户潜力挖掘都具备较好的基础。

中国音像与数字出版协会的数据显示，2021年，我国网络文学用户规模累计达到4.87亿人，较2020年增长了2700万人，增幅为5.9%，具体如图2-10所示。

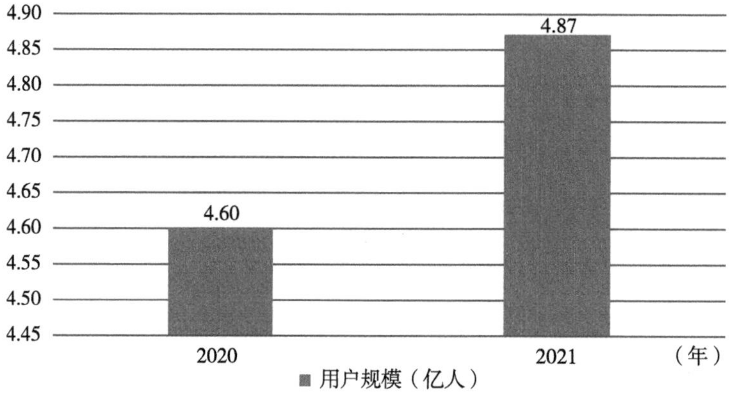

图2-10 2020—2021年中国网络文学用户规模

对比我国网络文学用户规模和整体网民规模，可以看出，有近半数网民都有阅读网络文学作品的习惯。虽然互联网人口红利释放空间已经有限，但是网络文学用户的渗透程度还有待增强，使用率还有较大提升空间。同时，在大数据、云计算、人工智能等新兴技术的深度助力下，网络文学产品得到进一步创新开发，用户需求也随之得到进一步释放。

尤其是免费阅读和付费阅读模式相辅相成，为网络文学用户提供了更多个性化选择。同时，网络文学在粉丝经济、互动方式创新等方面的推动下，付费模式也在迅速融入用户生活，逐渐被市场接受。从中国音像与数字出版协会的数据上看，付费阅读用户与免费阅读用户占比相对平均，在付费意愿方面，付费阅读用户与免费阅读用户占比相对均衡，但相较于2020年，用户的付费意愿有所下降。2021年，单本或整部购买的用户占27.92%、包月（年）的占8.04%、打赏的占5.86%、购买会员资格的占11.45%，具体如图2-11所示。

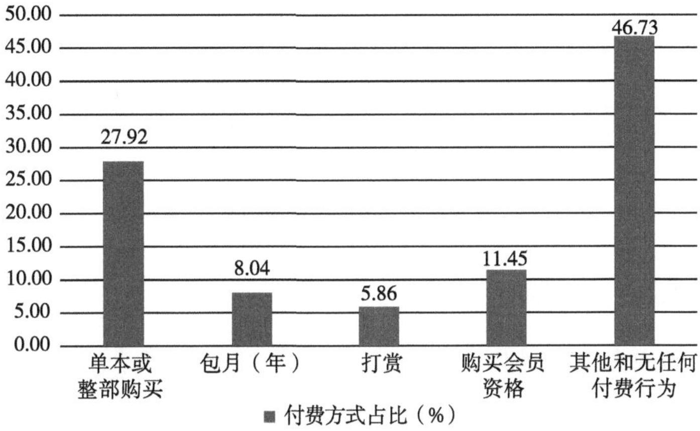

图2-11　2021年中国网络文学用户付费行为分布

可以看到，用户的付费阅读行为有了多重选择，活跃度在持续得到激活，但是付费行为仍维持一定比例。用户在平台运营模式的长期培养下，已经形成相对稳固的消费习惯。

二、年轻群体结构稳定，用户黏性得到持续加强

网络文学作为互联网产业的一部分，虽然从理论层面和技术层面上看用户范围应该非常广泛，但由于长期以来受到操作方式、运营模式等因素的影响，使得年轻群体一直处于网络文学用户结构的核心位置。

2021年，中国音像与数字出版协会的数据显示，在各年龄段的网络文学用户中，60岁及以上占5.68%，36~59岁占31.26%，26~35岁占21.28%，19~25岁占20.92%，18岁及以下占20.86%，具体如图2-12所示。

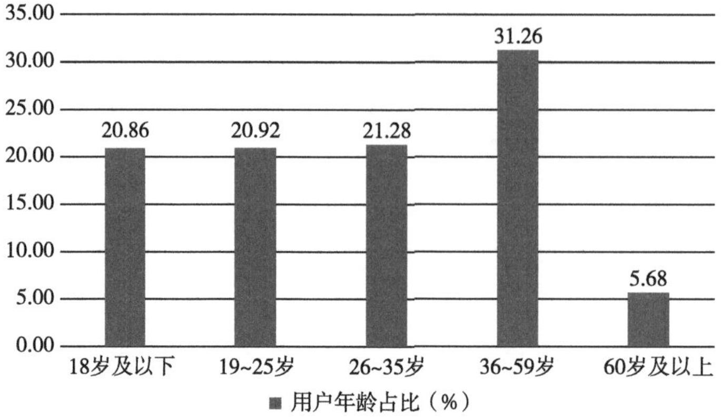

图 2-12 2021 年中国网络文学用户年龄分布

可以看到，年轻群体仍处于网络文学用户群体的核心地位，19~35 岁年龄段的用户占比达到42.2%，“90后”群体占比近五成，其活跃度和参与度均保持较高水平，读者群体呈现比较明显的年轻态势。

从当前的网络文学用户年龄分布情况上看，与往年相比，18岁及以下的网络文学用户有了大幅增长，从2020年的10%左右增长到2021年的20.86%。而占据用户主体的20~40岁用户格局仍未改变，用户黏性仍在持续增强，用户的队伍也得到进一步稳固。

在阅读场景和阅读时间上，网络文学用户的阅读地点相对分散，呈现移动化、分散化的特征。根据中国音像与数字出版协会的数据，休闲时段（含工作日晚间睡前、周末假期和午间休息）阅读网络文学的用户比例为57.98%，通勤和碎片化时段阅读网络文学的用户比例合计为42.02%，具体如图2-13所示。

可以看到，虽然用户的阅读场景分散在交通工具、办公室、家里等不同场所，但是仍以相对整块时间居多，这也说明网络文学用户黏性在不断增强，网络文学作品质量有了很大提升。

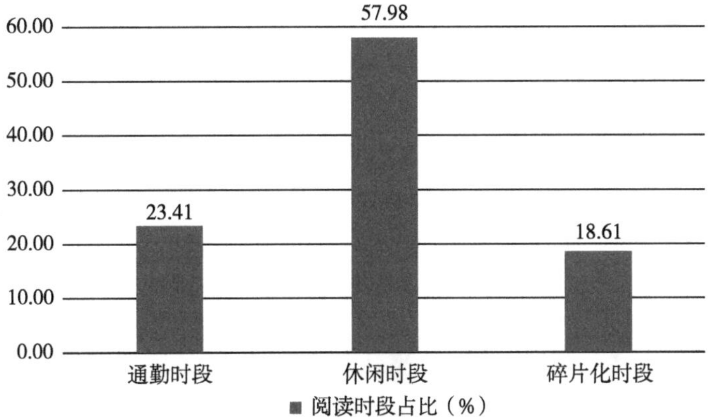

图 2-13　2021 年中国网络文学用户阅读场景分布

三、用户阅读偏好通俗，相关题材仍为大众喜爱

从网络文学的用户学历分布上看，仍然以高中（包含中专、技校）及以下和大学（包含专科、本科）学历为主，其中高中（包含中专、技校）及以下学历的用户比例为 44.16%，大学（包含专科、本科）学历的用户比例为 49.29%，具体如图 2-14 所示。

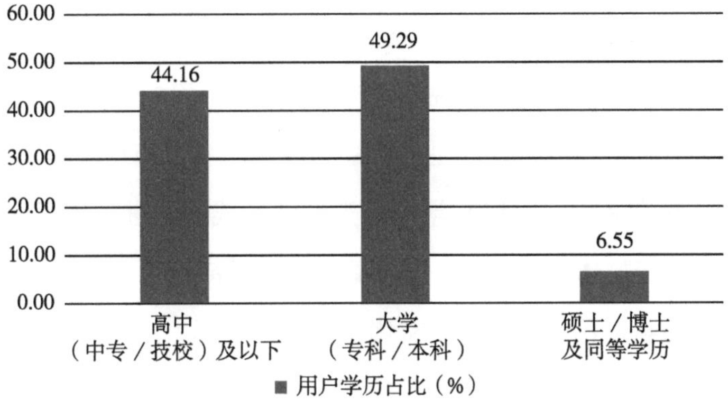

图 2-14　2021 年中国网络文学用户学历分布

用户学历分布基本符合网络文学覆盖面广、娱乐性强的基本特征。同时，也从侧面决定了网络文学用户的倾向更偏大众化，这一倾向同时会反哺生产端题材、语言组织、内容设置等方面的发展趋势，促进更加符合大

众口味的产品产出。从受用户欢迎程度的网络文学题材看，玄幻奇幻、古言现言、青春校园、灵异科幻等仍然是用户偏好度较高的题材，合计占比接近50%，具体如图2-15所示。

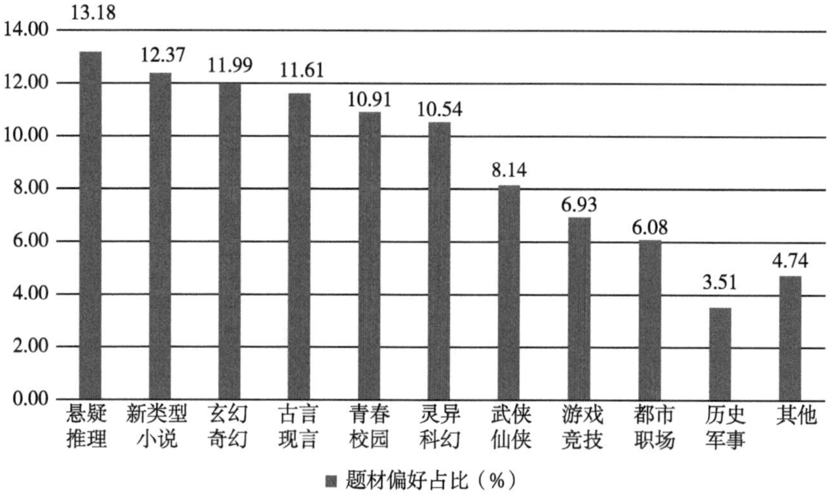

图2-15　2021年中国网络文学用户题材偏好分布

各类型题材之间，用户基本格局相对稳定。值得注意的是，相较于2020年，悬疑推理、新类型小说等题材异军突起，用户规模增长迅速[1]，认可度也得到了稳步提升，尤其是随着社会经济的发展和互联网文化的不断创新发展、深度融合，网络文学产品类型和形式得到进一步开发和创新，积极迎合了年轻群体追求新颖、与时俱进的心理特点。

同时，随着国民综合素养、文化自豪感的增强，主题类、现实类、职场类等题材也受到了很多用户的支持和欢迎，有了长足的发展，并逐步形成用户黏性，在IP开发、作品生产等方面越来越成熟，用户黏性得到显著增强。

1　中国音像与数字出版协会发布的《2020年中国网络文学报告》显示，在网络文学用户阅读题材占比中，悬疑推理仅占2.93%。

第三篇

2020年

中国网络文学发展报告

第一章

产业发展情况

网络文学以其无可匹敌的发展速度、深厚广泛的群众基础、无远弗届的文化影响在中国当代文化中诞生、生长、成熟，并将继续发展下去。2020年，面对新冠肺炎疫情的冲击，网络文学产业创新模式、方法，在保持较快增长速度的同时，持续推进主流化、精品化作品建设，加快中国文化“走出去”步伐，在新形势下不断繁荣发展。

一、总体规模

（一）市场规模增速放缓，对相关产业的影响力日渐增强

中国音像与数字出版协会的数据显示，2020年，中国网络文学行业市场规模达到249.8亿元，同比增长23.8%，增幅较2019年下降2.8个百分点，如图3-1所示。

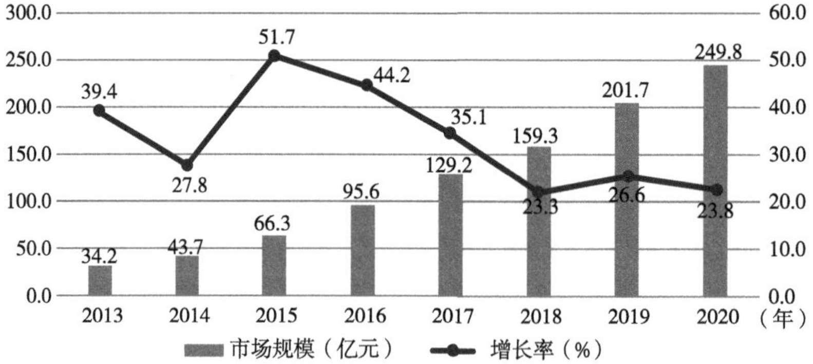

图3-1　2013—2020年中国网络文学行业市场规模

市场规模增幅下降的主要原因：一是数字阅读市场的人口红利逐年消退。根据中国音像与数字出版协会发布的《2019年度中国数字阅读白皮书》和《2020年度中国数字阅读报告》，数字阅读用户规模增幅由2016年的12.3%持续下降到2019年的8.8%和2020年的5.1%，其中2019年和2020年的用户规模分别为4.7亿人和4.94亿人。二是受到短视频等其他娱乐方式的冲击，用户阅读网络文学的时间被大量分流。《中国网络版权产业发展报告（2020）》中的数据[1]显示：2020年，中国短视频市场规模为1506亿元，同比增长49.6%，"十三五"期间市场体量扩大了78倍；用户规模达8.73亿人，同比增长12.9%，网民使用率达88.3%，短视频用户月度人均使用时长达42.6小时，用户黏性持续提升。

针对这种情况，各网络文学公司从创作培育、平台升级、IP模式创新等方面同时发力。在创作培育方面，一是激活更多类型创作者投入网文创作中，如作家、漫画家、导演、编剧等；二是建立线上、线下相结合的作者培养体系，挖掘和培育更多高素质专业网络文学创作人才。在平台升级方面，一是积极打造符合作者创作特点的多样化原创平台；二是在内容策划、创作、编辑、多媒体转化等各个环节广泛应用AI（人工智能技术），尤其在人机语音交互、AI语音合成、AI翻译等方面实现了技术突破。在IP模式创新方面，一是推进"付费+免费"相结合的变现模式，在看广告免费阅读、会员免广告、按章节付费模式基础上，根据不同用户群体的消费习惯推出多元化的运营模式，提升下沉市场用户的渗透率；二是不断完善产业链布局，拓展市场边界，实现跨媒介融合和"网文出海"新突破。与此同时，不断改进和完善版权保护措施，如日常版权监督、搜集举报线索、打击盗版行为、加强版权相关法律法规宣导等。

此外，由于网络文学不是单纯的文学，而是影视、动漫、游戏、有声

1 国家版权局.中国网络版权产业发展报告（2020）[EB/OL].（2021-05-17）[2021-08-22]. https://www.ncac.gov.cn/chinacopyright/upload/files/2021/6/9205f5df4b67ed4.pdf.

书等的内容源头，加之网络文学企业不断拓展IP运营渠道，加大IP运营力度，强化“在线业务+版权运营”双轮驱动生态模式，向图书、影视、动漫、游戏、音乐、衍生品等企业不断输送精品内容，使网络文学对数字文化产业的影响范围和影响深度日渐增强。

（二）订阅收入比例下降，广告收入增长迅速

2020年，订阅收入、版权收入和广告收入成为支撑网络文学产业的“三驾马车”，占比分别为50.0%、24.3%和19.2%。从图3-2可以看出，2016—2020年订阅收入比例逐年下降，版权收入在连年大幅增长后小幅回落，广告收入在徘徊多年后大幅上升。

2020年的版权收入较2019年下降的主要原因是受新冠肺炎疫情的影响，影视剧投拍率降低，影视版权输出一度萎靡。2020年，由于多家网络文学平台同时发力免费阅读领域，打造“免费内容+广告变现”的新运营模式，广告收入较2019年大幅提升。此外，由于手机兼具阅读、听书、看视频等综合功能，用户对电子阅读器的需求大幅萎缩。

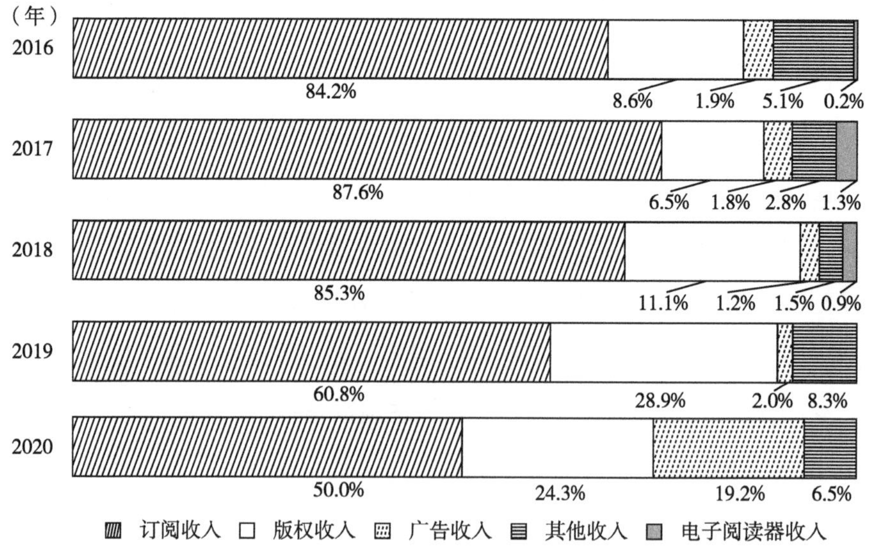

图3-2 2016—2020年中国网络文学行业营收结构

（三）“走出去”规模不断扩大，“中国网文模式”海外生根

经过20多年的发展，中国网络文学已成为世界文化的重要组成部分，成为世界认识和了解中国的重要窗口。中国音像与数字出版协会相关调研数据显示，截至2020年，已有13家网络文学企业发力海外市场，总注册资本将近30亿元，专职从业人员达到4762人，截至2019年底，累计输出网文作品达到38.2万部。

2020年，各网络文学企业勇担文化使命，开阔国际视野，精准把握国际市场动向和不同国家地区的受众偏好，打造了一批彰显中华文化魅力、展现当代中国气象、体现人类共同价值、适于新媒体传播、易于被海外用户接受的网络文学精品，面向欧美、日韩、东南亚等国家和地区输出翻译作品11073部，翻译语言达十几种，平台网站的日均UV（独立IP访客）超过了975.8万人（被调研单位所提供的用户日均UV数据）。

2020年，网络文学企业通过向海外输出中国网文商业和创作模式，逐渐从“作品出口”向“文化模式出口”转型。一是打造和完善海外原创网络文学平台，推进正版文学作品付费阅读模式，平台的作品质量和商业化能力得到了海外市场的认可；二是稳步提高中国网文作品、IP改编作品的出口质量和扩大出口规模；三是通过举办“国际网络文学周”等活动进一步激发海外作者的创作热情，当前海外原创作者数量超过10万人，原创作品数量已超过20万部；四是与海外数千家内容提供商建立合作关系，推进“中国网文模式”在海外的落地生根；五是创立新型阅读方式，满足了海外用户的阅读新需求，如将交互体验和视觉小说结合起来等。

二、主要特征

（一）彰显企业人文情怀，助力疫情防控和脱贫攻坚

2020年新冠肺炎疫情暴发后，各网络文学企业发挥网络平台用户覆盖面广、影响力大的优势，积极响应国家号召，以多种方式助力全民抗疫防

疫，如开通“疫情防控图书专区”，在全国范围内开展“抗疫征文大赛”，提供免费阅读卡或阅读时间段，策划制作疫情防护系列短视频，进行抗击疫情公益直播。这些方式不仅为用户提供了更多优秀网络文学作品，而且积极传播了疫情防控科学知识，普及了医学常识，也辅助疏导了隔离期间用户的心理问题。与此同时，各网络文学企业积极捐款捐物，为践行网络文学企业社会责任，彰显网络文学企业担当作为，弘扬网络文学作品正能量，凝聚人心、团结抗疫发挥了重要作用。

2020年，网络文学企业积极参与文化扶贫活动。为了让贫困地区的孩子能够享受到平等的公共文化服务，并通过阅读成长为有使命感、责任感和对国家有贡献的人，网络文学企业热情投入网络文化扶贫项目——“童悦工程”建设、贫困地区“儿童之家”建设中。通过开发手机阅读产品、免费提供数字阅读资源、捐赠纸质图书和电子阅读器、配捐公益基金、开办公益课堂等方式为贫困地区孩子送去精神食粮。网络文学企业积极响应“护苗”专项行动号召，上线“护苗”专题，推荐精品儿童读物、国家精品、优秀文学作品，加大优质内容供给，帮助青少年树立正确的人生观和价值观。与此同时，网络文学企业积极开展公益扶贫活动，通过采购助农产品，捐赠农业用具、防疫物品、日常用品、文化用具等方式助力脱贫攻坚。

（二）行业生态系统逐步优化，多元健康发展态势呈现

2020年，政策引导与行业自律共同推进网络文学行业进入理性发展阶段。各大网络文学公司积极打造健康网文生态，注重优质内容的创作与培育，提升版权衍生产品的专业化运营水平，多举措推动网络文学“走出去”。

行业主管部门通过内容引导与内容监管双措并举，进一步规范网络文学行业秩序，引导网络文学企业坚持把社会效益放在首位，在新时代更加担当作为，不断推出思想精深、艺术精湛、制作精良的网络文学作品。网络文学企业也能自觉履行社会责任，采取多种方式提升内容质量，推进主

题出版和现实题材作品创作，加大优质作品运营力度，由此创作出了一批弘扬主旋律、传播正能量、满足人民群众精神文化需求的精品力作。同时，网络文学企业主动作为，携手打造风清气正的网络空间，为网络文学的可持续发展聚集新动能。

随着“95后”“00后”新生代作家的大量涌现，网络文学企业更加注重对创作题材的引导和创作内容的把关，通过一对一作品跟踪、线上线下培训，以及推荐作者参加鲁迅文学院、中国作协、各省作协活动等多种方式，加大对作者创作过程的辅导，引导作者创作更多反映时代风貌、彰显时代精神的精品佳作。2020年12月24日，136位知名网络文学作家在上海发布《提升网络文学创作质量倡议书》，呼吁全国网络作家坚持正确的创作导向，弘扬社会主义核心价值观；加大现实题材创作力度，塑造新时代的新人物；勇挑时代重担，传承中华文脉；倡导“降速、减量、提质”，推动精品化创作；推进网文“出海”，讲好中国故事。该倡议在网络文学界引发强烈反响。

网络文学企业通过多平台分发、IP衍生价值拓展等手段不断强化版权内容优势，使得海量内容以多种形式更大范围、更深层次地触达互联网用户，实现了版权的多维增值。各企业为加快渗透下沉市场，大力推动“付费+免费”相结合的互联网融合变现模式，开始尝试短剧和剧本杀类版权开发项目，并定向培育作者编写更多满足人民群众需求的作品，为更好地孵化衍生IP打下基础。此外，网络文学企业通过版权合作和资本入股等方式加强了彼此间的联结与协作，不断扩展衍生产品的运营渠道，提升专业化运营水平。

网络文学企业在稳步加大中国作品“走出去”步伐的同时，与国外作者、内容供应商逐步建立起稳定的合作关系，使网络文学由单一“文化出口”转变为“文化模式出口”，让中国网络文学模式在海外落地生根，更好地展现了中华文化的独特魅力。

（三）技术创新提升内容质量，版权风险得到有效控制

2020年，各网络文学企业不仅积极开展相关规范制度建设，包括总编辑负责制度、编辑责任制度、先审后发制度、三级审核制度、作者实名制度等，将内容把控与监管责任落实到业务链条的各个环节，还综合运用大数据、人工智能等新技术，加强内容质量建设，主动应对版权风险。严格的内容审核机制和新技术的运用保证了作品生产创作的合法化、精品化，从内容源头控制住了版权风险。

在内容质量方面，网络文学企业积极研发内容质量分析软件，利用智能算法评估网文质量，并将结果反馈给用户，提高优质作品分发效率，促进网文质量的整体提升。在内容安全方面，设立三级审核、交叉审核、质检上架等内容质量把关环节，建立实时更新的敏感词库，通过采用“机审人读”等质量监督手段，及时驳回违反出版管理规定的内容，并对内容屡次犯禁的作品做下架处理。在内容版权方面，积极构建版权信息线上审核管理系统，对于所有内容进行版权合法性、内容相似性审查，以减少内容侵权风险。在版权运营方面，针对版权IP数据体系复杂程度高、检索数量大的特点开发版权IP管理软件，提升版权运营效率和效果。在用户体验方面，持续优化内容推荐算法，提高用户满意度，增加用户黏性，同时优化计算机深度学习模型，攻克人物识别、角色关系构建等关键技术，实现多角色AI语音自动合成。

（四）多举措推进现实题材创新，主流化、精品化趋势增强

主流化和精品化既是网络文学自身发展的内在呼唤，也是社会和读者的期待。在追求消遣娱乐功能的同时，继承现实主义文学传统，彰显现实主义精神和情怀，为读者提供贴近实际、贴近生活、贴近群众，呈现大众精神世界、反映普通人理想追求的作品，是网络文学的应有之责和必有之义。

2020年，在政府政策引导、企业社会责任、读者阅读需求多方刺激

下，现实类小说数量持续增长，这既反映出民众对现实社会的关注程度，也反映了读者对优秀现实主义作品的期待。网络文学企业积极响应政府号召，顺应读者需求，多举措推动现实题材作品创作。一是通过举办现实题材网络文学征文大赛，吸引广大作者创作出弘扬社会主义核心价值观，展现中国精神、中国风采、中国力量的优秀作品。二是组织各类形式的作者沙龙、主题研讨、采风交流等活动，引导作者树立正确观念，深入生活、扎根人民，从现实生活中汲取创作养分与创作力量。三是从被动收稿转向主动策划，收稿模式从普遍撒网向垂直聚焦转变，制订主题出版和现实题材出版计划，提供保底资金支持。四是加大优秀现实题材作品的全IP运营，通过首页、App、公众号等多渠道推荐，纸质图书出版，影视、动漫改编，以及“翻译出海”等多种方式，一批观照社会现实、反映时代发展、记录家国变迁、讴歌党和人民伟大奋斗精神的优秀作品得到广泛传播，最大限度地发挥了网络新媒体传播正能量的导向作用，推动网络文学主流化、精品化发展迈上新台阶，助力文化高质量发展。

三、主要问题

（一）用户增长遭遇瓶颈，阅读模式竞争加剧

2018—2019年网络文学发展报告数据显示，网络文学用户数量增幅呈下降趋势，原有的靠网络文学用户付费支撑的增长模式已变得步履维艰，特别是随着短视频行业的强势崛起，网络文学正面临读者被大量分流的危机。网络文学企业借助“免费+付费”、内容多渠道分发、版权衍生等多种运营方式实现效益增值。

2020年，多家网络文学平台几乎同期在免费阅读领域发力，市场竞争异常激烈，逐渐形成了“免费阅读+广告变现”的新运营模式。在网文免费阅读模式中，用户不再付费阅读，该部分支出由平台利用精准投放广告、广告联盟、大数据推荐等方式从第三方获取。在免费阅读模式下，作

者收益也并非一次性取得，而是根据作品阅读量和用户喜爱程度，按比例与平台分成获利。

虽然免费阅读模式有助于提升网络文学的用户规模，但业内人士普遍担心该模式会伤及网络文学多年建立起来的付费阅读模式。然而，持乐观态度的一方则认为，目前网络文学用户规模增长缓慢，在短视频等其他娱乐方式的冲击下，付费阅读模式已难以适应时代需要。网络文学行业若想持续发展，就需要拓展新的用户群体，提供新的阅读方式和阅读体验，建立新的阅读增值模式，而免费阅读模式是目前较好的一个探索方向。

从目前各网络平台的战略动作可以看出，付费模式与免费模式将长期并行发展，这样做既有优势也有缺陷。优势是：一是将网文阅读触角延伸至下沉市场，吸引了大量三线、四线城市和广大农村的读者；二是免费模式虽依靠阅读量计费，但读者口碑能倒逼作者不以量而以质取胜；三是无形中推广了正版阅读，极大压缩了盗版文学网站的生存空间。缺陷是：一是降低了用户付费意愿，平台订阅量减少，订阅收入大幅下降；二是免费阅读将会打破作者与读者建立起的紧密联系与互动关系；三是大批无经验新手作者的涌入可能导致作品同质化现象加剧，引发创作质量下滑。

（二）侵权盗版时有发生，版权保护任重道远

由于网络文学作品用户规模的增加和黏性的增强，以及IP全版权运营的成熟与繁荣，网络文学行业的市场规模不断扩大。在巨大的商业利益诱惑下，盗版网站和盗版内容愈演愈烈。

易观分析发布的《中国网络文学版权保护白皮书2021》[1]中的数据显示，2020年中国网络文学因盗版所造成的损失达到60.28亿元，同比上升6.9%。85.4%的作者表示有过作品被侵权的经历，其中全职创作者的被侵权比例高达94.2%，频繁侵权比例占53.8%。

---

1 易观分析. 中国网络文学版权保护白皮书2021［EB/OL］.（2021-04-25）［2021-08-22］. https://www.analysys.cn/article/detail/20020094.

在国家版权局、全国“扫黄打非”办发布的“2020年度全国打击侵权盗版十大案件”中，北京“10·24”侵犯网络文学著作权案中的侵权人在未经著作权人许可的情况下，在其运营的“鸿雁传书”“TXT全本免费小说”等10余个App平台上向用户提供侵权网络文学作品5072部，并通过广告、付费阅读等方式牟利。

相对于视频、音乐、游戏等数字内容产业，网络文学版权保护难度更大，形势更为严峻。究其原因，一是新技术使得侵权手段花样翻新。盗版平台通过建立站点，运用搜索引擎、移动端转码、深度链接、网站聚合、文字提取、系统缓存、AI机器人生成作品等技术引流用户并提供盗版内容。盗版平台还通过模仿正版平台的界面和功能，诱导用户阅读盗版内容。二是盗版传播渠道向自媒体平台转移，隐蔽性更强。由于自媒体等平台维护成本较为低廉，移动盗版内容开始从App向自媒体平台迁移，微博、微信、网盘、贴吧、论坛、在线问答、社群分享等渠道不但种类多，而且较为隐蔽，加大了监管、维权的难度。三是盗版产业链成熟化趋势越发显著，盗版平台依靠积累的大量流量，与搜索引擎、广告代理商等利益相关方合作实现商业变现，多方利益纠缠之下增强了盗版打击难度。

这表明，侵权盗版已渗透至内容行业的各个角落，且随着科学技术的进步逐渐向更高阶段发展，表现为侵权手段更智能、更隐蔽、更高效，影响范围更广泛，程度也更深，产业链逐渐成熟，版权纠纷案件的取证和判决难度增加。这迫切需要行政管理部门加大监管和打击力度，相关企业和权利主体保持高度警惕，用户版权保护意识不断深化，只有多方共同努力才能遏制住侵权盗版行为的势头。

（三）类型化写作阻碍创新，作品内容和结构有待提升

目前，网络文学仍然以类型写作为主体，但类型写作的一个重要特点是，早期的一些定型作品的水平较高，此后的模仿之作很难超越，因而更加需要内容的不断融合与创新。

由于网络文学的传播途径多，发表相对容易，庞大的网络文学作者群体又拥有对大众流行文化最敏感的神经，深谙网络文学读者的需求和喜好，在网络文学网站商业机制的推动下，网络文学随之分类并细化，如玄幻奇幻、武侠仙侠、盗墓、穿越、二次元等。网络文学的类型化也是对读者群体阅读兴趣的进一步分化。由于网络文学的受众十分庞大，每个小众群体的数量也不可小觑，因此网络文学类型越来越细化，网络类型小说已成为网络文学的主流。从中国音像与数字出版协会的数据来看，都市生活、玄幻奇幻、武侠仙侠依然在类型小说中占据较大份额。

2020年，现实题材作品在数量上有所突破，并且对作者的人生经历、思想境界、价值追求等要求较高。而网络文学作品内容冗长、题材重复、文本结构简单、叙述技法粗糙、内容注水等现象普遍存在，所以其整体质量相较于传统文学仍存在较大差距，还难以企及传统现实题材文学的成就和高度，且在相当长时间里，仍会以玄幻奇幻等类型化写作为主，虽然这会影响到网络文学的丰富性和生态环境，但随着现实主义题材作品的不断增多，以及网络文学企业大力挖掘、扶持、宣传和IP转化相关精品力作，网络文学会不断变得美好而强大。

第二章 作品分析

2020年是全面建成小康社会和“十三五”规划的收官之年，也是谋划“十四五”规划的关键之年。网络文学作品在保持原有发展态势的同时取得了一定的突破，除了在产业规模上保持了涨势外，作品类型也更为多样，主题出版类题材备受市场关注；网文“出海”趋势不减，都市生活、玄幻奇幻、武侠仙侠等依旧是网文IP转化的热点；转化形式上，除热度最高的有声读物外，影视、动漫等也成为重点改编方向，网文IP全产业链价值逐步凸显。

一、聚焦新时代，主题出版受关注

党的十九大报告提出中国特色社会主义进入了新时代。在新的时代背景下，我国社会的主要矛盾已经转化为人民日益增长的美好生活需要和不平衡不充分的发展之间的矛盾。《中共中央关于制定国民经济和社会发展第十四个五年规划和二〇三五年远景目标的建议》在“繁荣发展文化事业和文化产业，提高国家文化软实力”中明确提出，要围绕举旗帜、聚民心、育新人、兴文化、展形象的使命任务，促进满足人民文化需求和增强人民精神力量相统一，推进社会主义文化强国建设。主题出版作为出版业的一项重大工程，是围绕上述任务、服务党和国家工作大局的有效途径。

2020年2月，中宣部办公厅下发《关于做好2020年主题出版工作的通知》，确定了主题出版的6个方向，包括着眼为党和国家立心，加强习近平新时代中国特色社会主义思想的研究阐释；聚焦聚力工作主线，营造全面建成小康社会、打赢脱贫攻坚战的浓厚氛围；大力弘扬科学精神，普及科学知识，加强健康安全和生态保护教育，培育公民文明习惯；紧紧围绕宣传阐释党中央精神和决策部署，唱响中国经济光明论；立足培养担当民族复兴大任的时代新人，深化社会主义核心价值观宣传阐释；提早谋划、提前启动，认真组织做好庆祝中国共产党成立100周年选题编写出版工作。

中国音像与数字出版协会的数据显示，2020年网络文学界积极响应国家号召，网络文学企业及平台的主题出版作品共4857部，参与主题出版创作的作者人数有3691人，作品点击量达到54.2亿次。其中网络文学行业重点企业的主题出版作品数量超千部，点击量达数10亿次，是推动网络文学界主题出版发展的重要力量。

在主题出版的4857部作品中，签约版权的作品有1738部，签约率为35.8%，远超网络文学作品约5.3%的整体签约率，超三成的签约率说明主题出版作品的整体质量得到了企业平台较高的认可和肯定。2020年，已经出版的主题出版作品共555部，约为签约版权作品的31.9%；改编为有声读物的共158部，约占主题出版作品总量的28.5%。

二、作品规模持续扩大，有声读物改编热度高

中国网络文学作品规模近年来一直保持着稳定的增长趋势。2016年网络文学作品累计规模为1413.1万部，2020年达到2905.9万部（不含版权已到期作品数量），5年增长率超100%。2020年网络文学新增作品数为315.8万部，与2019年新增148.0万部相比翻了一番还多。

网络文学作品规模的持续壮大，说明当前网络文学作品的创作环境和发展前景得到了市场和创作者的认可，优秀的网络文学新作品源源不绝。同时，在国家政策引导和市场需求的共同作用下，超长篇网络文学作品占

比进一步下降，篇幅开始呈现出由两端向中间转移的趋势。

与2018年的数据相比，在完结的作品中，篇幅不足10万字的作品占比由29.6%降至13.6%，200万字以上的作品占比由9.9%降至7.8%。10万字以上200万字以下篇幅作品的占比有所增长，其中涨幅较为明显的如30万～50万字篇幅的作品占比由9.3%增至12.9%，80万～100万字篇幅的作品占比由9.7%增至12.3%，100万～200万字篇幅的作品占比由12.7%增至20.7%，具体见图3-3。此外，网络文学完结作品的平均篇幅由2018年的65.8万字增至2020年的72.8万字，2020年的平均创作周期为1年。

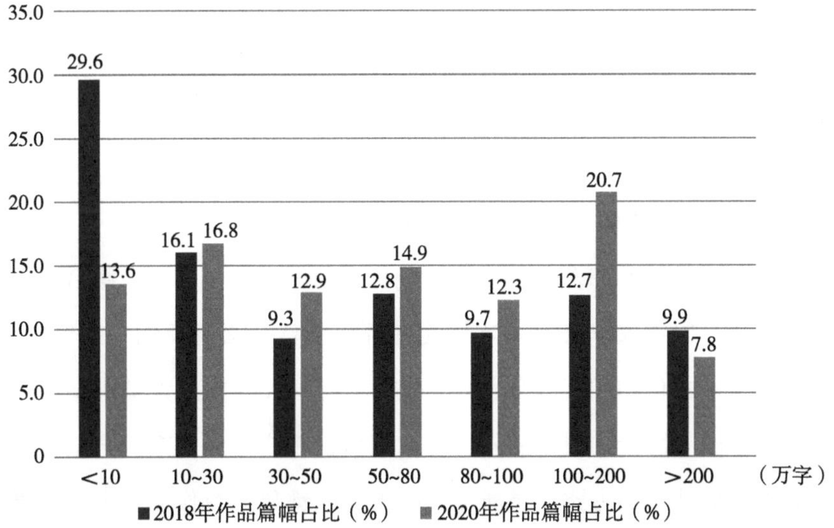

图 3-3　2018 年和 2020 年中国网络文学作品篇幅分布

网络文学作品篇幅变化的趋势，一方面说明“篇幅为王”的网络文学创作趋势正在减弱，创作者已经认识到比起靠字数硬撑作品，作品的内核和文字质量才是赢得读者和市场的关键；另一方面，10万字以下的网络文学作品占比骤降直接反映出作者愿意将更多的时间和精力放在作品的创作和打磨上，精益求精，这对于网络文学产业整体水平的提升和长远的发展具有很大的意义，优秀的作品还能够为后期的IP衍生提供高质量的素材。

此外，有声阅读凭借其对用户阅读场景实现的有效扩充，提升了用户的碎片化时间利用率。巨大的市场需求配合音频技术的更新换代推动“听”成为一种新的大众阅读方式，该方式也成为网络文学IP开发衍生、提升版权价值的重要方式。

如今有声读物市场已经进入高速发展阶段。从中国音像与数字出版协会的数据来看，2020年网络文学IP改编量为8059部，其中改编为有声读物的有7335部，约占IP总改编数量的91%，多家行业重点企业的有声读物改编量均占到其IP总改编量的90%以上。

从作品规模的角度看，在提供有效数据的网络文学企业中，部分专注有声阅读业务的平台在2020年的累计作品增幅和新增作品增幅均名列前茅，超过了80%，远超其他企业，进一步彰显了有声读物市场的发展潜力。

三、三大题材火爆，现实题材作品稳步发展

网络文学经过了20多年的发展，创作题材已经基本稳定。综合近几年的数据来看，网络文学作品基本固定在都市生活、玄幻奇幻、武侠仙侠、古言现言（指古代言情和现代言情小说）、青春校园等几大类别下。中国音像与数字出版协会的数据显示，古言现言、都市生活、玄幻奇幻类题材作品无论是累计作品占比还是新增作品占比，都是所有作品中占比最高的三类，其中在累计作品中的平均占比分别为27.2%、19.6%和12.6%，总和约占各平台总作品量的60%；新增作品平均占比则分别为27.3%、20.0%和12.2%，总和约为60%。古言现言、都市生活和玄幻奇幻类作品的阅读量各平台数据不同，但基本也都稳居前三，说明其市场需求较大。其他类别的作品，如青春校园、军事历史、武侠仙侠等，其累计作品数和新增作品数的平均占比虽不如上述三类题材突出，但基本超过5%，也是网络文学作品题材的重要组成部分。其中青春校园类累计作品占比和新增作品占比分别

为6.5%和7.5%，是除古言现言、都市生活和玄幻奇幻类作品外占比最高的作品题材。

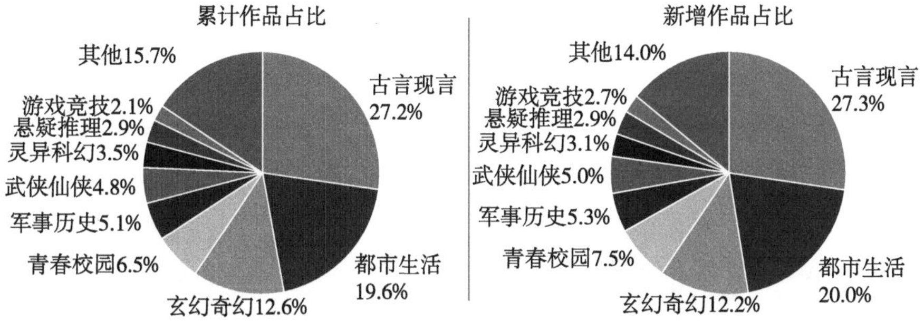

图 3-4　2020 年中国网络文学作品题材分布

古言现言、都市生活和玄幻奇幻类作品市场火爆，题材类别总体已经固定，一方面可以说明当代读者及创作者对于这三大题材作品的青睐；另一方面也可以从侧面看出，创作题材的创新已变得十分困难，作者主要从剧情创意、故事素材、人物张力等方面寻求新的突破，提升读者的阅读体验和情感体验。

近两年，随着政府引导、政策扶持，以及各企业平台征文活动的推动，网络文学现实题材作品的创作热度快速升温，再加上网络文学与影视作品的联动，打造出了许多现象级爆款热剧，人们不再仅仅简单地沉溺于虚构类题材作品所能带来的“爽”感中，而是开始透过网络文学的创作对社会的进步、历史的变迁、时代的呼声进行深层次的思考。

中国音像与数字出版协会的数据显示，2020年，在累计2905.9万部的网络文学作品中，现实题材作品约为1070万部；而在新增的315.8万部作品中，现实题材作品约133万部，占比约为42.1%，超过四成的新作品属于现实题材作品。2020年现实题材作品的题材集中在都市生活、青春校园、职场商战、悬疑推理、军事历史和游戏竞技等几个大的题材下，其累计作品总量在现实题材作品总量中的占比分别为47.7%、14.5%、12.4%、12.2%、7.5%和5.7%，而在2020年新增的现实题材作品中，上述各题材的占比则分别为45.6%、15.9%、14.6%、13.1%、6.3%和4.5%，其中都市生活作品的两项占比均接近50%。

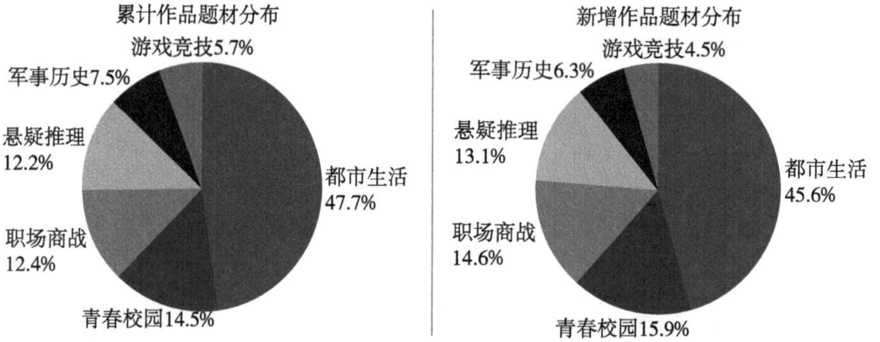

图 3-5　2020 年中国网络文学现实题材作品分布

四、作品“出海”火热，玄幻奇幻、古言现言等题材受青睐

中国网络文学近年来“出海”火热，成为体现中华文化软实力、传播中华文化内核的重要载体。除了有政府的积极引导和政策支持外，我国网络文学本身所具备的文化渗透力和所展现的中国精神也成为吸引大量海外读者、打开海外市场的重要影响因素。随着技术的发展，尤其是移动互联网和AI翻译技术的升级换代，行业重点企业领衔，带领各企业加速网络文学的“出海”布局。

2018—2020年，中国网络文学作品海外输出数量每年保持在万部以上，2020年作品翻译总量为11073部，翻译语言达十几种，平台网站的日均UV（独立IP访客）超过了975.8万人（被调研单位所提供的用户日均UV数据）。当下，各企业主要通过精选作品资源、在海外搭建自己的阅读平台或授权海外阅读平台方，最后通过AI翻译技术或翻译项目组对作品进行翻译的模式实现网络文学作品的“出海”。出口国家依然以东南亚、欧洲、美洲各国及日韩等国家为主，题材主要集中在玄幻奇幻、古言现言及都市生活这几类题材。除网络文学本身的“出海”外，多家企业也已经与海外企业达成漫画、影视改编权的协议，进一步推动中国文化的海外输出。

五、IP衍生多元化，全产业链价值凸显

信息技术日新月异，人们可接触的信息量呈指数级上升，纯粹的文字阅读已经难以满足人们对于信息量的需求，文字力量的减弱推动我们进入了图像化和视频化的时代。此外，对文学作品进行多元化改编的历史由来已久，而且网络文学具备强大的粉丝基础，IP衍生后粉丝转化率高，投资风险随之降低，网络文学IP自然受到市场重视，IP版权价值也随之凸显。

当下网络文学IP的衍生方向主要为有声读物、影视剧（电影、电视剧、网络剧、网络大电影、短剧等）、动漫、游戏、纸质出版物等5个方向。如前文所述，中国音像与数字出版协会的数据显示，2020年网络文学IP的改编量为8059部，其中改编为有声读物的有7335部，约占IP总改编量的91%；改编为影视剧、动漫、纸质出版物、游戏的一共有631部（影视剧359部、动漫219部、纸质出版物42种、游戏11部），另外，还有改编为其他形式的作品93部。可见网络文学IP的改编还是以有声读物、影视剧和动漫为主。

在IP改编作品的题材方面，古言现言类作品依旧一马当先，IP改编量占比达到27.9%，其次是都市生活类作品，改编量占比约为22.9%，两者总和超过总改编量的50%。一方面，因为这两类题材的故事更加贴近人们的生活，容易引起粉丝的共鸣，另一方面，也是因为其改编难度和成本较玄幻奇幻、武侠仙侠类题材低。玄幻奇幻和武侠仙侠这两类题材也是当前IP改编的热点题材，其占比分别达到了约12.3%和11.4%，可见无论在网络文

学创作方面还是IP改编方面，古言现言、都市生活和玄幻奇幻类题材作品都是受众面最广、最能迎合当下网络文学读者需求的。悬疑推理、灵异科幻、游戏竞技等题材受改编难度的影响，其改编量与前几类相比略少，分别在5.2% ~ 6.1%之间。

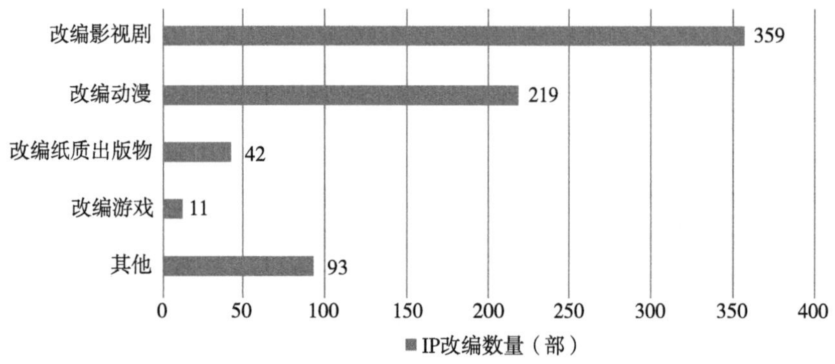

图 3-6　2020 年中国网络文学 IP 改编类别数量

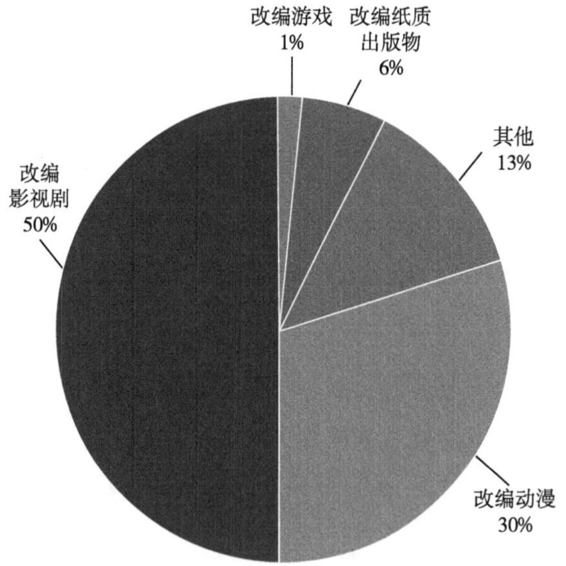

图 3-7　2020 年中国网络文学 IP 改编类别分布

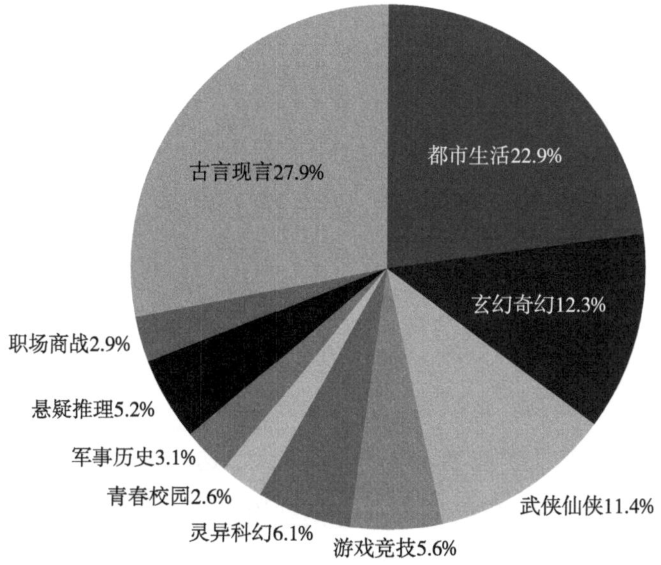

图 3-8　2020 年中国网络文学 IP 改编题材分布

以网络文学为核心的产业链已经初见雏形，网络文学与影视、动漫、游戏多元结合，形成“同版权全制造”的全产业链发展模式，不仅带动了下游产业链各环节主体的积极参与，同时也为小说内容质量的多维度评判建立了基础，在IP同质化现象严重的情况下，上游优质IP和孵化链成为决定市场竞争力的关键因素。

第三章 作者分析

2020年，网络文学作者规模进一步扩大、迭代加快，作者年轻化趋势明显，“00后”作者数量增长较快，学历结构也更为优化，地域分布较为广泛，这些都为网络文学保持旺盛而持久的生命力奠定了基础。

一、作者数量稳定增长，新鲜血液持续注入

网络文学市场规模逐年扩大，社会认可度逐渐提升，网络文学作品规模每年几百万部地增长，一方面有赖于资深作者的持续产出，另一方面也是因为有大量新鲜血液的注入。

2020年中国音像与数字出版协会的数据显示，网络文学平台的累计作者数已经达2130万人，增幅超过10%。网络文学作者数量的快速增长与政府大力扶持网络文艺的发展环境关系密切，再加上IP全产业链的逐渐形成为IP版权价值的快速增长创造了条件，网络文学市场发展前景向好，头部作家收入水涨船高，每年吸引大批新作者投身网络文学创作也不足为奇。

此外，2020年的数据显示，笔龄在3年以下的作者占比为43.7%，与2019年的43.1%基本持平，这说明2020年依然有大量新人投入网络文学的创作中来，为网络文学的发展注入新鲜血液。笔龄在3年以上5年以下的作者占比由2019年的35.2%降至30.1%，而笔龄在5年以上的作者占比则从

21.8% 增至 26.2%，可见还是有相当一部分的作者深耕网络文学创作领域。虽说作者的笔龄长并不一定代表创作质量高，但笔龄长的作者文风会更加稳健，也更趋于成熟，在积累了一定的粉丝基础、有了一定的收入保障后，创作黏性也会随之提升。

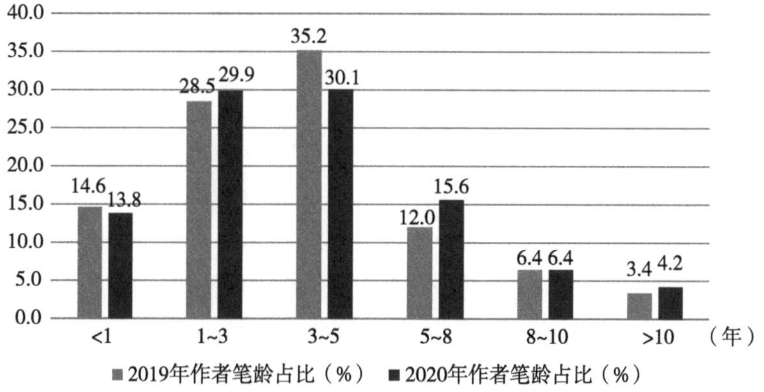

图 3-9　2019—2020 年中国网络文学作者笔龄分布

二、作者年轻化趋势明显，学历结构更加优化

从作者的年龄分布来看，2020 年网络文学企业联合调研数据显示，网络文学作品的创作主力依旧是“80 后”和“90 后”，人数占比分别达到了 34.8% 和 43.2%，总占比为 78.0%。与 2019 年调研数据的 39.3% 和 44.6% 相比，“80 后”和“90 后”的作者人数占比均略有下降。值得注意的是，“00 后”创作者的占比从 2019 年的 7.9% 上升到了 2020 年的 11.2%，增长率达到了 41.8%。如今二次元、游戏电竞等题材作品“破圈”势头明显，“00 后”作为新时代的生力军，思想更具突破性，对于新鲜事物的接受和领悟能力也更强，有更多的年轻势力加入网络文学的创作中来也使网络文学保持旺盛而持久的生命力。

自 2019 年女性作者占比以 53.1% 超过男性作者的 46.9% 后，2020 年女性作者再次保持住了增长的势头，以 55.6% 的占比第二次超过了男性作者，成为一股新兴的文学力量。

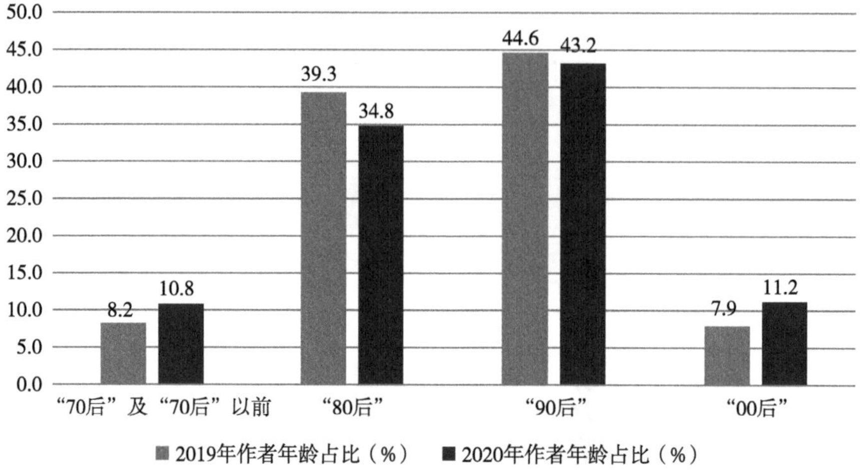

图 3-10 2019—2020 年中国网络文学作者年龄分布

表3-1 2019—2020年中国网络文学作者性别分布

	2019年	2020年
男性作者占比（%）	46.9	44.4
女性作者占比（%）	53.1	55.6

在作者的学历分布上，2019年与2020年的学历分布对比如图3-11所示。高中及以下学历及大专学历的作者占比均有所下降，分别从2019年的32.6%和28.9%下降至2020年的30.2%和28.1%，而本科学历和硕士及以上学历的作者占比均有所增长，分别从32.4%和6.1%增长至34.9%和6.8%。可见网络文学作者整体学历结构有所优化，这与社会对于网络文学作品认可程度的提高，以及读者对于网络文学作品内容质量要求的提升有着一定的关系。

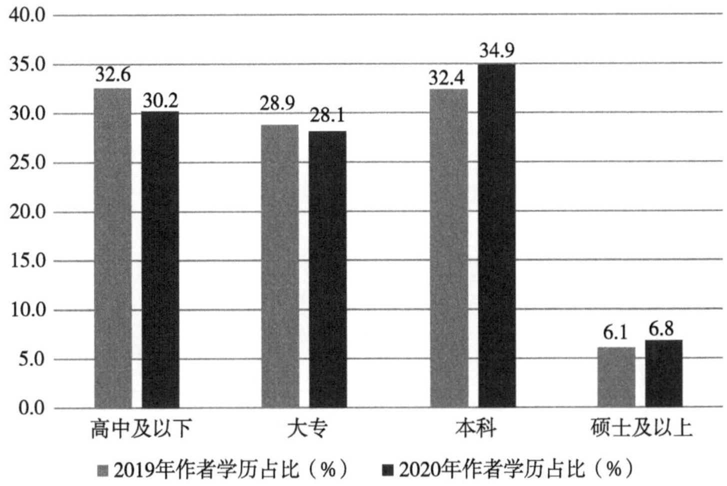

图 3-11　2019—2020 年中国网络文学作者学历分布

三、作者收入基本稳定，每日创作时长未见明显变化

在作者收入方面，中国音像与数字出版协会的数据显示，网络文学作者的收入水平与2019年相比基本保持不变。2019年网络文学作者的平均月收入为5133.7元，2020年为4961元，变化幅度不大，考虑到2020年有大量新人作者进入市场，平均收入有小范围浮动也属于正常现象。

如图3-12所示，2020年月收入在2000元及以下的作者约为44.4%，月收入在5000元及以下的作者占比约为70%，超过2/3的作者仅凭网文创作难以满足日常生活需要。当然，对于网络文学头部作者而言，依靠订阅付费和IP版权交易，其收入还是非常可观的。18.8%的作者月收入在5001~10000元，7.3%的作者月收入在10001~20000元，还有3.2%的作者月收入超过20000元。

在2020年的数据中，作者每日的创作时长也未见明显变化。中国音像与数字出版协会的数据显示，2020年与2019年作者每日平均创作时长基本一致，约为4.6个小时。2020年，每日创作时长在3~5小时和超过8小时的作者占比分别为32.8%和11.2%，相较于2019年的31.4%和8.4%有所增长，但增幅不明显。而创作时长不足3小时和在5~8小时的作者占比分别为36.1%和19.9%，与2019年的37.7%和22.5%相比有所下降，但降幅不明显，如图3-13所示。

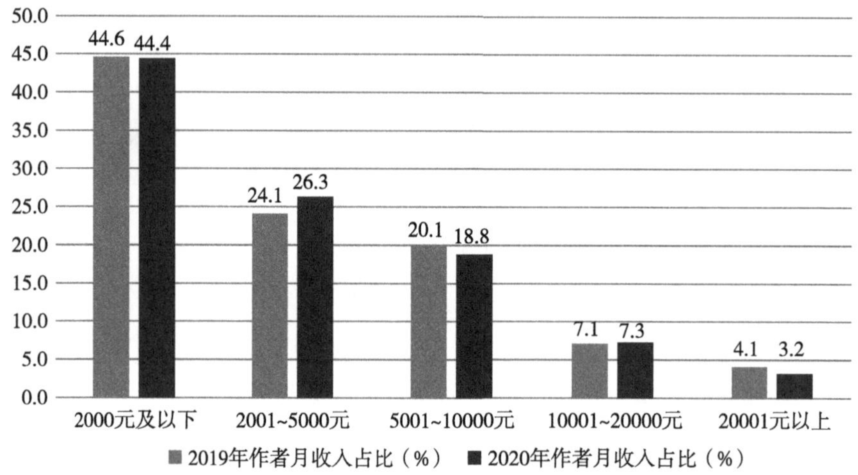

图 3-12 2019—2020 年中国网络文学作者月均收入分布

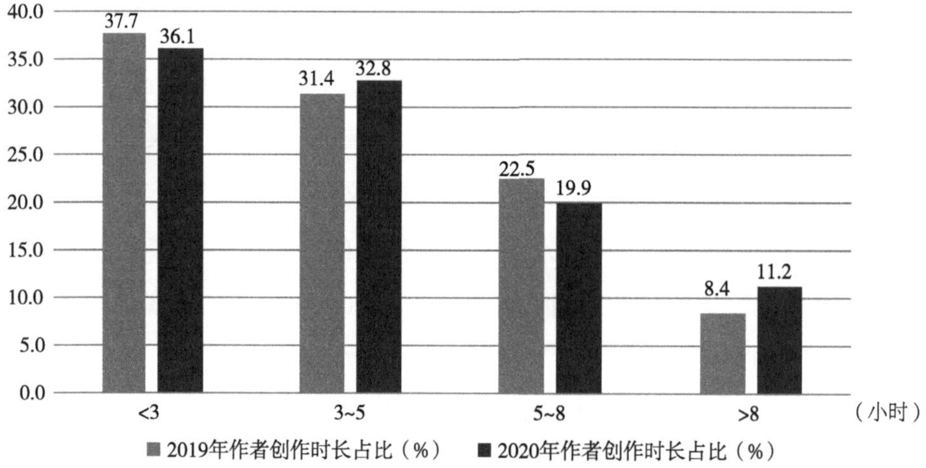

图 3-13 2019—2020 年中国网络文学作者创作时长分布

四、作者地域分布广泛，兼职写手占比较大

从网络文学作者地域分布来看，2020年生活在北上广深一线城市的作者人数占比为12.9%，成都、重庆、杭州、武汉、西安、天津、苏州、南京等新一线城市的作者人数占比为19.4%，二线、三线及以下城市的作者人数占比则分别为24.7%和43.0%。

综合2018年、2019年和2020年三年的调研数据看，网络文学作者的人数基本呈现出一线城市最少，新一线和二线城市人数相近，三线城市人数最多的分布。纵向来看，2018—2020年，一线和新一线城市作者人数的占比呈现出明显的下滑趋势，分别从2018年的17.2%和23.3%下降至2020年的12.9%和19.4%；二线城市的作者人数占比则在2019年有所增长后，于2020年出现了下滑。相对应的，三线及以下城市的作者人数占比一直呈现出稳定的上升趋势，从2018年的38.1%上升至2020年的43.0%。

三线城市作者人数占比大并呈现出增长趋势，一方面有三线城市人口基数大的原因，另一方面网络文学作者还是以兼职为主，相较于一线、二线城市生活节奏较快、经济压力较大、时间成本较高的生活情况而言，三线城市的居民拥有更多可支配时间用于网络文学的创作。

此外，根据2020年联合国的人口统计数据来看，中国一线城市和新一线城市人口数量仅分别占中国人口总数的3.9%和6.5%，而作者人数占比却分别为12.9%和19.4%，远超其人口占比。这表明一线和新一线城市的居民参与网络文学创作的人数占本市人口的比例还是高于其他城市的。

在签约作者中，全职作者和兼职作者的比例分别为39.3%和60.7%，2019年的比例约为40%和60%，2020年与2019年基本持平，保持了全职、兼职四六分的局面。可以看出，网络文学作者还是以兼职写手居多。受网文创作市场竞争大的影响，能够保证一定月收入的作者还是少数，多数作者无法确保自己的作品能够稳定地获得市场和读者的认可，因此，大多数网络文学作者选择在有本职工作的基础上利用业余时间开展创作。

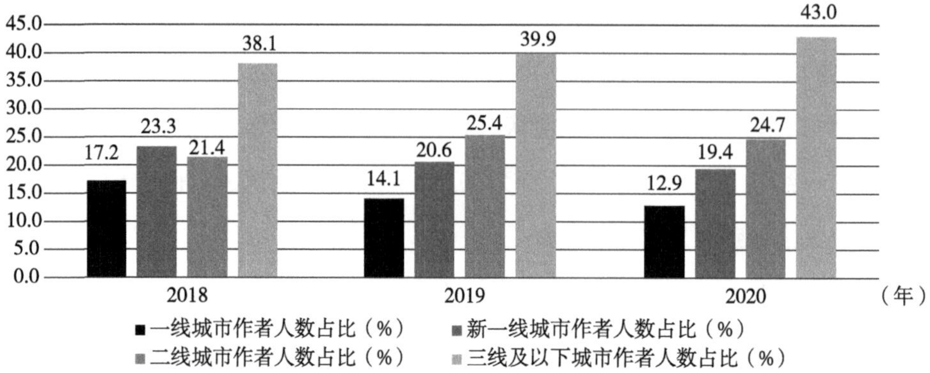

图 3-14　2018—2020 年中国网络文学作者地域分布

第四章 用户分析

近年来，随着人民生活水平的不断提升，消费结构的不断升级，居民的文化娱乐支出规模也有了长足增长，尤其是数字技术和网络发展渗透拓展了许多互联网新领域、新产品和新模式，全球化趋势增强文化认同，新冠肺炎疫情后居家时间增多更加深了人们对互联网的依赖，文化需求得到进一步释放，网络文学用户规模潜力得到进一步拓展，用户规模不降反增，用户黏性也进一步提升。

一、用户规模逆势增长，消费群体持续扩大

2020年受新冠肺炎疫情影响，线下实体企业受影响较大，“宅经济”却迅速走红，线上经济迎来爆发式增长，这其中也包括网络文学产业。居民防疫隔离增加了居家时间，这为“宅经济”的发展奠定了市场基础。中国互联网络信息中心（CNNIC）发布的第47次《中国互联网络发展状况统计报告》[1]数据显示，2020年，我国全体网民用户规模达到9.89亿人，相较于2019年6月底的用户规模，增长率为9.40%；移动互联网用户规模为9.86亿人，相较于2019年6月底的用户规模，增长率为16.41%。可以看到，我国互联网用户规模仍在不断扩大，尤其是移动客户端增长迅速，这为网络文学

1 中共中央网络安全和信息化委员会办公室，中华人民共和国国家互联网信息办公室，中国互联网络信息中心. 第47次中国互联网络发展状况统计报告［EB/OL］.（2021-02-03）[2021-08-22]. http://www.cac.gov.cn/2021-02/03/c_1613923423079314.htm.

进一步拓展市场创造了良好的外部条件。

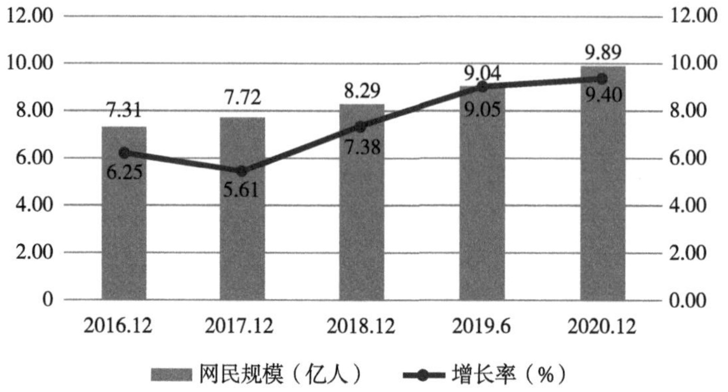

图 3-15　2016—2020 年网民规模及增长率

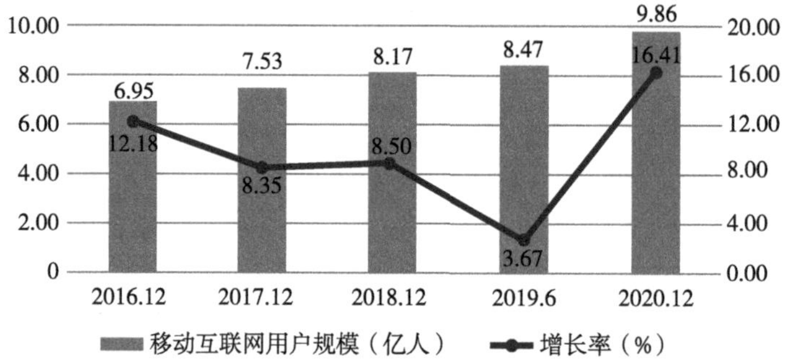

图 3-16　2016—2020 年移动互联网用户规模及增长率

由图3-17可知，截至2020年12月，我国网络文学的用户规模达到4.60亿人，其中使用手机进行网络文学阅读的用户规模为4.59亿人，占手机网民的46.55%。中国音像与数字出版协会的数据显示，2020年网络文学日均活跃用户达3910万人，累计读者增长率为17.78%，相较于往年增长幅度较大。“宅经济”为网络文学用户的拓展和活跃度的提升提供了良好的客观条件，参照我国整体的网民规模，网络文学用户的手机使用率仍具备较大的上升空间。

图 3-17　2016—2020 年网络文学用户规模及增长率

二、青年群体仍为消费主体，二线、三线市场增长迅速

网络文学作为新兴文化产业的重要组成部分，依托互联网以数字形式存在，其载体和内容都处于科学技术和社会文化发展的前沿，用户覆盖范围虽然广泛，但是年轻化是网络文学用户结构的核心特征。在各年龄段的网络文学用户中，“70 后”及“70 后”以前占 18.00%，“80 后”占 27.68%，“90 后”占 44.12%，“00 后”占 10.20%。其中，“90 后”群体占比近五成，其活跃度和参与度均保持较高水平，读者群体呈现比较明显的年轻态势。在用户性别分布上，男女比例较为平均。

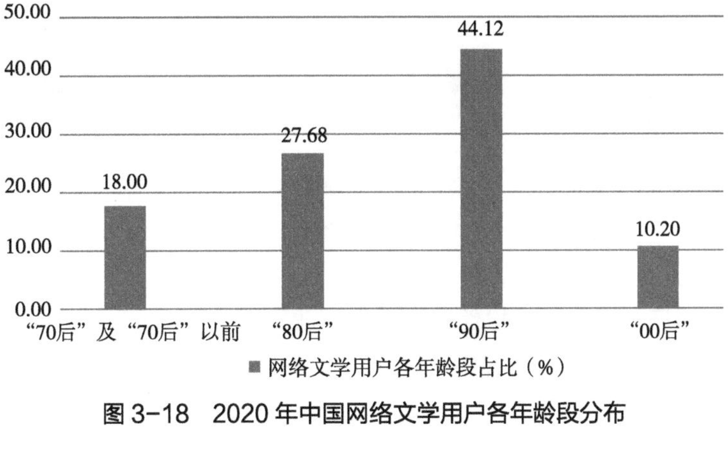

图 3-18　2020 年中国网络文学用户各年龄段分布

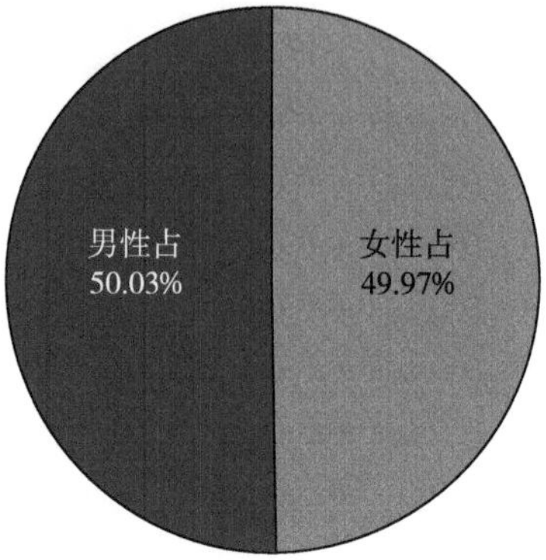

图 3-19　2020 年中国网络文学用户性别比例分布

此外，在地域分布上，二线、三线城市用户规模较大。未来二线、三线及以下城市的潜在网民市场仍具备较大的成长空间。

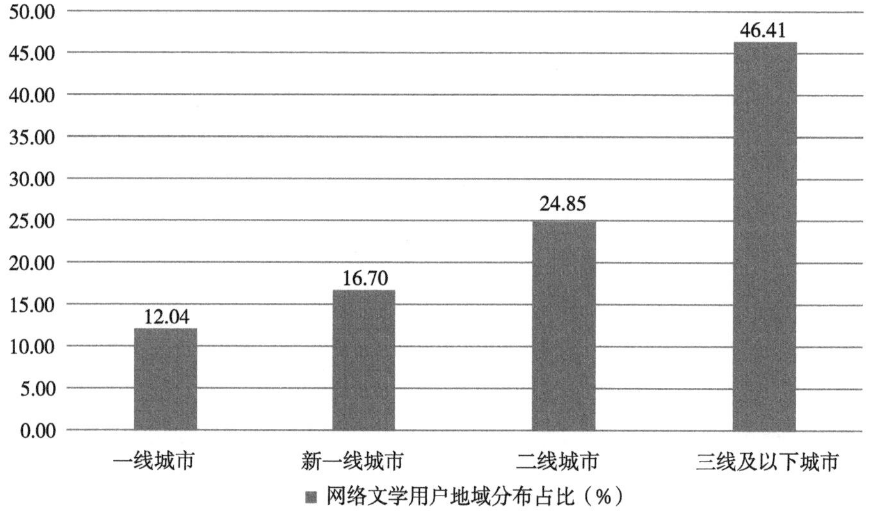

图 3-20　2020 年中国网络文学用户地域分布

三、用户互动踊跃，粉丝生态助力产业发展

在互联网加速信息互通的环境下，与传统文学形式相比，网络文学具有较强的用户引导性，互动是其区别于其他文学形式的核心特征之一。经过长期的积累和发展，网络文学的盈利模式从获取用户点击量到“打赏”，

再到如今的流量奖励、交互式创作等，粉丝在产业中长期扮演着极其重要的角色。各大网文平台也在加强用户社区互动方面做了很多尝试，增加IP与用户之间的黏性，提升粉丝日常活跃度。

中国音像与数字出版协会的数据显示，2020年中国网络文学日均活跃用户约为3910万人。但从整体互动行为上看，网络文学用户表现比较活跃，具体表现在评论、点赞和投票上。

从2020年中国网络文学互动行为占比中可以看到，网络文学与用户之间存在非常紧密的联系，粉丝社群的建设和维护在一定程度上推动了网络文学付费行为在消费群体中的渗透。粉丝利用社群，与自己喜爱的角色亲密互动，为他们点赞。据不完全统计，在积极参与点评的用户中，其社区型用户付费率高于沉默用户10%，社区型用户日活跃留存率达95%[1]，粉丝互动行为的产生也是提升用户黏性的过程。经过多年发展和赋能，网络文学已经超越单一的定向输出模式，用户导向的属性将持续推动网络文学形成其特有的粉丝文化生态。

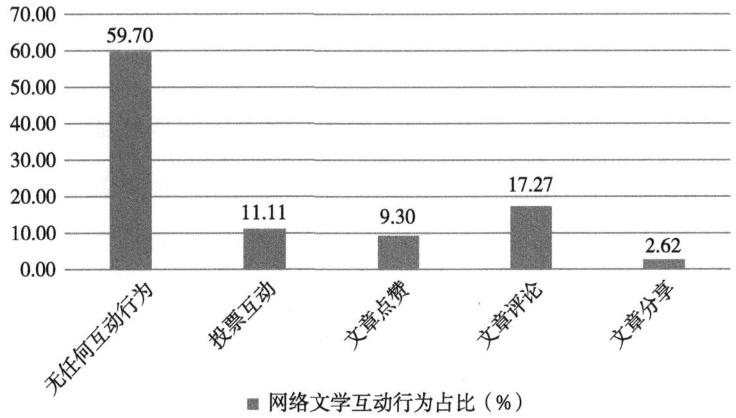

图 3-21　2020 年中国网络文学互动行为占比

1　中国作家网.2019年度网络文学发展报告[EB/OL].（2020-02-20）. www.chinawriter.com.cn/n1/2020/0220/c404027-31595926.html.

四、碎片化阅读明显，用户黏性得到提升

调研发现，网络文学用户的阅读地点比较分散，并且呈现出移动化、片段化的特点。在通勤、睡前的时候用移动设备阅读网络文学的用户比例为42.72%，占用午休和其他零星碎片时间阅读的用户为35%左右。除了环境相对舒适的家里以外，许多用户的阅读场景分散在交通公具、办公室等不同场所，移动化阅读特征突出。

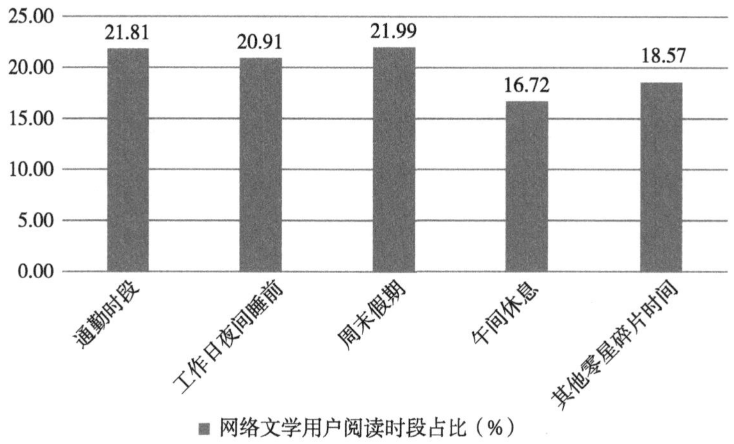

图 3-22 2020 年中国网络文学阅读场景分布

网络文学用户的阅读频率较高，单次阅读时间短。中国音像与数字出版协会的数据显示，2020年人均网络文学单日阅读时长为92.4分钟，但其中涉及的阅读场景却较为分散，单次阅读时间较短、频率较高，这与网络文学的娱乐属性较强、对阅读场景的要求不高等因素关系较大。

此外，移动互联网发展和终端通信技术升级也使得阅读设备不断丰富和优化，轻便易携的移动终端目前是使用较多的阅读载体。多元化的设备选择，满足了用户随时随地阅读网络文学的需要，这同时也是网络文学阅读时间和空间碎片化的一个核心表现。

五、用户付费习惯养成，玄幻奇幻类题材仍受欢迎

经过多年的实践和发展，网络文学已经形成了其独特的盈利模式，采取多样化的付费方式来满足用户的个性化需求。近年来，网络文学在粉丝经济和互动方式开发的推动下，付费行为已逐渐被市场接受。从网络文学用户付费方式上看，23.90% 的用户偏好单章或单本购买，20% 以上的用户偏好包月（年）或购买 VIP（Very Important Person 的缩写，即贵宾），这也是两种比较主要的付费方式。

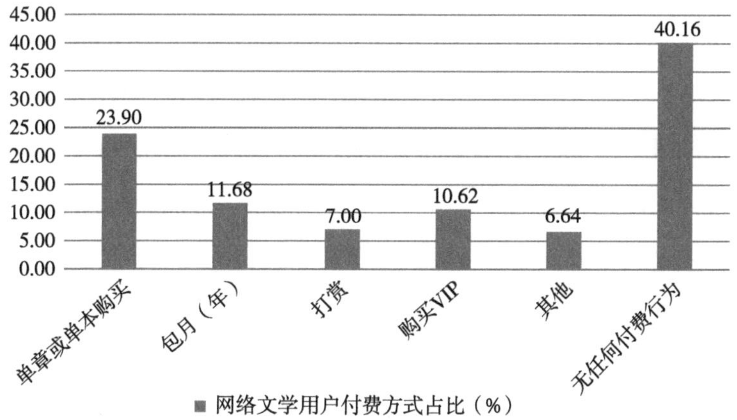

图 3-23　2020 年中国网络文学用户付费方式比例分布

从网络文学的付费金额上看，用户普遍月均花费30元左右，其中，41.43% 的用户月均花费在10元及以下，32.03% 的用户花费在11~30元，花费30元以上的用户占比相对较少。从整体上看，网络文学用户付费行为以小额支出为主。付费阅读行为与粉丝经济有比较大的关联，对作品好感度极高的用户将付费阅读纳入日常文娱消费的固定支出中，凸显粉丝黏性，是粉丝经济的重要体现。

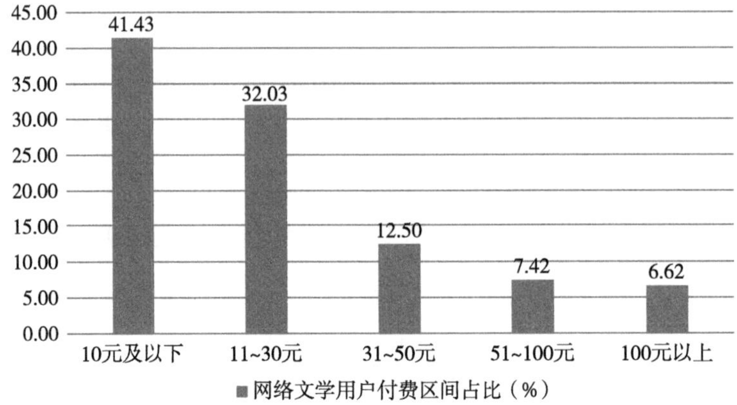

图 3-24 2020 年中国网络文学用户（有付费行为）平均每月花费各区间比例

从受用户欢迎程度的网络文学题材看，玄幻奇幻、古言现言、现代都市、武侠仙侠等仍然占比较大，尤其是玄幻奇幻、古言现言等仍然是用户点击量最高的题材。但是随着国民综合素养、文化自豪感的提升，尤其是疫情期间社会文化氛围高度凝聚，主题类、现实类、职业类等题材受到了很多用户的支持和欢迎，有较大增长趋势。

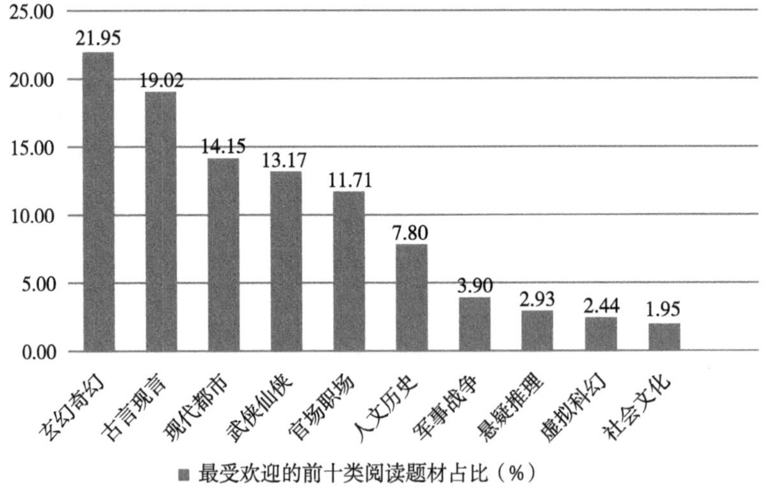

图 3-25 2020 年中国网络文学最受欢迎的前 10 类阅读题材排名

第五章 企业分析

经过多年成长，中国网络文学企业从最初的以盛大文学为龙头，发展到如今阅文、百度、阿里、掌阅科技等领军企业引领，可以说中国网络文学企业在不断发展壮大，市场格局也发生了巨大变化，尤其是在移动流量引入后，更多中小型企业争相加入，中国网络文学平台建设和企业运营迎来了百家争鸣的时代。

一、企业市场规模增长，移动终端优势明显

纵观网络文学企业的发展历程，总体可以归纳为三个历史时期。第一个历史时期是1995—2002年，处于使用台式电脑的早期阶段，网络文学往往依托BBS等社群进行传播和发布，榕树下、龙的天空等第一批专业文学平台伴随着社群平台的兴起应运而生；第二个历史时期是2003—2012年，起点中文网等网站相继扩大和发展，掌阅科技、17K等网站平台开始涌现，尤其是盛大收购起点后，更是标志着资本大规模入局，许多企业也开始探索移动阅读的市场空间；第三个历史时期是从2013年至今，经历多年布局和发展，阅文、百度、阿里、掌阅科技等领先企业占领大部分市场份额，移动阅读开始逐渐成为市场竞争的主要领域。网络文学巨头也将眼光着重于IP运营，深度挖掘内容资源的市场价值。

近年来，随着移动互联网的发展，网络文学企业纷纷转战到移动终端

市场，如书旗小说、七猫、米读小说、天翼阅读、作客文学等，其在移动终端市场上的发展也非常迅速，新增用户规模都出现了大幅增长，在众多网络文学企业中名列前茅，仅七猫一家用户规模就达到3.5亿人，2020年用户规模增长率达到了63.8%。

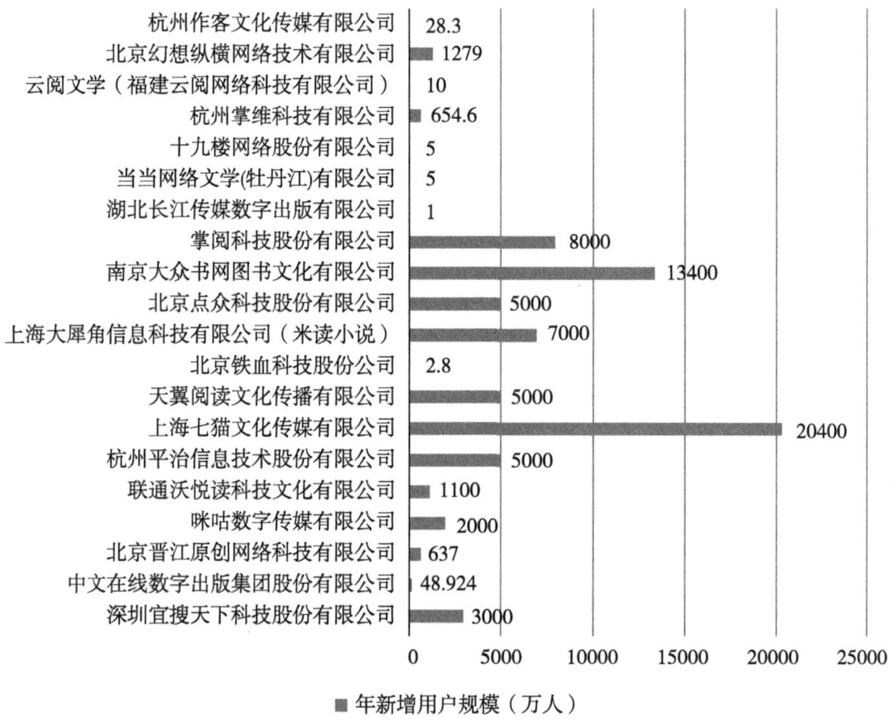

图 3-26　2020 年中国网络文学企业年新增用户规模（部分）

由此可以看出，移动终端的技术进步、疫情导致居家时间较多等客观因素为网络文学移动终端市场创造了良好的发展环境，未来移动终端市场仍具较大发展潜力。

二、制度建设持续完善，流程更加科学规范

2020年国家新闻出版署发布《关于进一步加强网络文学出版管理的通知》，要求规范网络文学行业秩序，加强网络文学出版管理。这也对出版企业在内容审核管理，全面建立相关制度规范上提出了明确的要求。

整体上看，网络文学企业对内容建设和管理都给予了高度重视，并且遵照传统出版三审三校的流程进行了升级和优化，推出了相关管理规范，也结合网络文学产业特点创新了许多做法。

编辑加工方面，众多网络文学平台借鉴传统出版经验，宜搜、爱奇艺小说、凤凰互娱、联通沃悦读、趣阅等企业都采取了责任编辑制，建立了三审三校流程，对发布前的稿件内容进行多环节审查把关，书稿档案通过内容资源库进行归档管理。一些企业为了进一步确保内容质量不出问题，也附加了一些技术手段进行同步管理，例如凤凰互娱采取“机审过滤+内容编辑人工审核”的方式，进行双重审核，严格把控作品质量。

作者管理方面，网络文学企业均对作者采取实名制的管理办法，要求作者提供真实姓名、身份证号码及笔名，确保作品溯源真实。连尚文学还会请编辑及审核人员对作者基本信息进行审核，并对作品封面、书名、简介、大纲、正文等内容进行把控，只有符合要求的作品才予以签约；长江中文网会定期开办作者线上学习培训班，采取制定符合弘扬社会主义核心价值观的征稿标准等措施，引导作者进行内容创作，把内容质量作为网络文学的生命线。

管理机制方面，网络文学平台大多从管理组织搭建和制度保障两方面入手。掌阅科技对内容产品实行严格的四级内容管理结构，搭建了“责任编辑—审核中心—专职副总编—内容委员会”的组织结构，将内容把控与监管责任具体落实到公司业务链条上的“责任编辑—审核编辑—审读中心主任—专职副总编辑—总编辑”5个关键岗位上，所有内容先审后发，做到各负其责，共同对内容价值导向和质量进行把关；七猫则在制度上做

了全方位的梳理和规范，目前在执行中的制度有《七猫信息安全和网络生态事故问责制度》《七猫新产品、新应用、新功能信息内容安全评估制度》《七猫用户个人信息保护制度》《七猫第三方合作管理制度》《七猫用户账号管理制度》《七猫页面生态管理及实时巡查制度》《七猫举报平台受理工作制度》《七猫内容安全事件分级响应处置预案》等，对内容进行充分把控，保障了内容安全。

三、内容与技术深度融合，更加匹配用户需求

相较于传统出版企业，网络文学企业对新兴技术的研发和应用更加敏感，许多平台都在积极探索与AR（增强现实技术）、VR（虚拟现实技术）、大数据、人工智能、5G、区块链等技术的结合点和应用场景，也探索出了很多在阅读形式、内容管理和互动方式上的创新方法，推动产业融合发展。整体来看，新兴技术在网络文学上的应用创新主要集中在内容管理、产品升级、迎合用户需求、服务保障、商业化等几个方面。

内容管理方面，网络文学企业除了人工审核机制建设以外，纷纷开发了自己的机审系统，进一步提升内容审核效率，保障审核质量。例如，米读小说运用技术创新，推动审核能力的提质增效，在人工审核的基础上，建立了基于“关键词库”“低质模型”的机审能力建设，通过技术创新清理有害内容。

产品升级方面，一些网络文学企业结合新兴技术对现有产品进行升级和优化，并推出了很多新产品丰富用户体验。例如，咪咕数媒结合5G技术，面向大众用户升级咪咕阅读互动体验，推出视听小说、互动短剧、24bit至臻听书等新产品，丰富了用户的视听感受；连尚文学运用人工智能技术将对语句的深度理解和语言学知识合成更加有韵律感的声音，从而生成更能够匹配市场需求的新产品。

迎合用户需求方面，众多网络文学企业纷纷开发了大数据分析系统，

通过建模和分析，归纳用户的定向行为，从而实现精准投放。例如，点众科技施行“书找人”的“内容精品化”战略，区别于将读者吸引至单一平台主动找书的传统模式，通过大数据技术及互联网巨头所提供的渠道让优质作品主动找到潜在读者，再运用新媒体平台渠道投放的方式实现“书找人”的精准化触达，更有利于培养全民阅读习惯，更高效地推动全民阅读。

服务保障方面，网络文学企业更加注重保障数据安全和优化用户体验。例如，掌阅科技为确保各种服务快速进行部署，自主研发了基于docker的服务部署平台、基于agent机制的服务自动发现和自动依赖分析系统，以及为跨机房调度实现的各消息队列代理等。另外，掌阅科技的算法团队针对特定产品持续优化深度学习模型，攻克了识别人物、角色、关系等关键技术，并在此基础上实现了多角色的AI语音合成。

商业化方面，研发SSP、DSP、ADX等后端系统，接入多家DSP提升填充率并将策略配置算法化；研发商业化SDK，封装多种展示效果，并进行灵活配置，以提升用户体验。

四、多元化开展作家培育，重点推进现实题材创作

网络文学的生命力，体现在它对现实的观照、时代的记录、社会正能量的传递。目前，中国网络文学步入了新的历史拐点期，主流意识形态对网络文学的重视、赋能与规制，文学创作从规模扩张向质量至上转型。同时，网络作者地位的提升，也让网络文学日益走向主流文坛而得到社会广泛认可。近年来，网络文学企业十分注重现实题材作者的培育工作，通过多渠道积极挖掘优质作者资源，完善作者孵化体系，协助新生作者成长，为推出更多现实题材现象级优秀作品打下了坚实基础。

七猫、阅文等企业通过举办征文大赛的方式，积极挖掘作者资源。2020年七猫举办了第一届现实题材征文大赛，给予获奖作者荣誉及奖金奖励，并通过专题推荐、媒体专访等进一步加大获奖作品推荐和宣传，通

过资源倾斜鼓励现实题材作品的创作；阅文连续举办“现实题材网络文学征文大赛”，历届参赛作品总和在4万部以上，其中《复兴之路》《大国重工》《朝阳警事》《明月度关山》等十几部作品已经相继签约实体出版，《韩警官》《相声大师》《投行之路》《生活挺甜》等10余部作品也已正式签约了影视改编，有力推动现实题材创作“井喷式”增长，助力网络文学战略转型。此外，在国家民族事务委员会文化宣传司、中国少数民族文化艺术促进会的指导下，阅文于2020年7月1日协同北京天成嘉华文化传媒、中国民族文化资源库、中国民族文化资源网联合举办了石榴杯征文大赛活动，大赛以深挖民族文化宝藏、培育优秀作品和优秀作家、赋能“民族IP”建设为目标，鼓励作家创作民族文化历史、现代民族、民族神话故事与传说、军事、科幻等题材的作品，体现中华民族像石榴籽一样紧紧抱在一起的精神风貌，涌现出众多弘扬民族精神、表达文化自信、传播正能量的作品。

与此同时，中文在线、联通沃悦读、连尚文学、凤凰互娱等企业也在积极完善作者培育体系，除了给予作者一定的奖励资助外，还借助多项举措为作者提供更好的创作环境。联通沃悦读、连尚文学等企业上线现实题材板块，中文在线加强有“职业人”标签的网络平台互动，挖掘和培养更多专业领域的人创作专业的职业故事。连尚文学还邀请网络和传统出版的资深学者、专家、编辑等为全体编辑进行“网络文学现实题材和精品创作”系列培训，提升编辑的选题策划能力和对作品的鉴别与把控能力，举办优秀现实题材作品研讨会来全面提升作者和编辑在现实题材创作方面的水平。

五、推进多领域联动发展，打造大IP运营体系

随着网络文学IP运营模式的逐步成熟，众多网络文学企业开始更多地从生态角度全盘考虑IP的深度开发，并拓展了与更多领域的联动运营，也收获了良好的市场反馈。目前，各大网络文学企业面对庞大而多样的内容

库和IP的长期运营需求，都构建了更具有弹性、更兼容并包的组织结构，积极提高IP改编成功率，在IP的动漫化、影视化、有声化改编等方面拓展了许多有益做法。

网络文学根据自身优势和资源特点，采取多方向延伸的方式，与其他相关领域实现联动发展。中文在线重点发展新媒体渠道，建立“万丈书城”和17k线下创作基地，还与教育领域相互融合，推出了网络文学大学在线教育项目；米读小说则注重在短视频领域持续发力，2020年，与快手就短剧IP开发达成战略合作，双方发挥各自平台的内容和资源优势，探索网络文学和短视频平台的创新合作模式，打造爆款IP，为网文产业链上下游协同及网文IP开发、内容生态布局开辟思路。爱奇艺小说则充分发挥自身影视化优势，于2020年8月发布爱奇艺“云腾计划+”，联合爱奇艺多个工作室、外部影视方共同打造爱奇艺全部投资的影视作品，挖掘更多富有改编潜力的优秀IP作品。此外，IP运营生态打造方面，阅文较为典型，它更加强调与多领域合作伙伴联合发展，从形成良性循环的IP生态角度出发推动内容成果转化。2020年，由新丽传媒、腾讯影业、阅文影视联合出品的电视剧《赘婿》，作为继《庆余年》之后改编自阅文IP的又一系列作品的力作，收获了极高的市场热度并赢得了包括《人民日报》等多个权威媒体的发文点赞。

六、多渠道拓展国际合作，建立海外原创生态

近年来，中国网络文学突破了传统出版难以“出海”的瓶颈，在海外市场获得了普遍认可，以Wuxiaworld[1]为代表的海外网络文学网站掀起热潮，成为中国文化海外传播的一大亮点。对中国网络文学企业而言，海外市场也迎来了机遇期。经过近几年的有益探索，中国网络文学企业的对外

1　吉云飞．“起点国际”模式与“Wuxiaworld”模式——中国网络文学海外传播的两条道路［EB/OL］．（2019-06-12）［2022-08-22］．https://www.sohu.com/a/319994135_488440.

输出方式也从简单的出版授权，逐步转化为建立线上互动阅读平台，再到开启海外原创和生态建设。中国网络文学“走出去”不仅实现了规模化，而且完成了从文本输出到模式输出、文化输出的成功转变。

对外版权输出规模方面，中国网络文学的海外传播包括对外授权出版，自办外文网站发表翻译作品、发表原创外文作品、通过阅读App发布作品、网络文学IP授权输出等多种方式。2020年，阅文、晋江、咪咕等平台对外授权作品已有数千部，网站订阅和阅读App用户上亿人次，每天数万条评论，覆盖世界大部分国家和地区。

开办海外阅读平台方面，中文在线、点众科技、阅文、纵横文学等企业都做了有益尝试，并且获得了海外市场的认可。如点众科技在海外上线“Webfic”，在海外开展数字阅读服务，2020年，海外数字阅读收入实现1000万美元；纵横海外站（tapread）共有400多部小说和漫画的翻译作品，其中包括纵横中文网原创的翻译作品178部，海外原创作品214部，原创漫画作品36部，主要输出北美、东南亚、欧洲等地区，至今累计用户超过百万人。

海外产业生态建设方面，网络文学企业开始注重海外市场本地化的开发工作，着重支持版权输出、IP衍生、原创作者培养、投融资等方面，以期打造能够深度融入海外市场的产业生态圈。如阅文除了建设自己的网络文学海外版网站——Webnovel以外，还通过举办“上海国际网络文学周”聚合全球网络文学产业资源，创办全球原创基金，用于作者福利、作者培养资源、头部获奖作家奖励等。此外，阅文和腾讯还进行全球资源联动，和腾讯影业等产业链上下游直接协同，将优秀原创作品在海外进行IP策划和衍生。晋江与美国WeMake出版社达成了北美地区简体出版的合作，同时也洽谈出版北美地区英文图书的合作，此举扩大了新的海外出版版图，正式打开北美地区图书市场。同时，晋江还与泰国的电视台接洽影视合作，与日本、新加坡、英国、德国、韩国、马来西亚、俄罗斯、美国、匈牙利等国家的海外出版合作也正在洽谈中。连尚文学则通过逐浪网海外平台Dolphin Novel，合作平台推文科技、泰国Glory Forever等公司实现旗下作品快速走向海外市场。

七、发挥互联网平台优势，积极承担社会责任

网络文学企业在积极扩大规模的同时，也十分注重履行社会责任，积极参与社会公共服务。

在抗击疫情方面，咪咕数媒、宜搜小说、爱奇艺小说、联通沃悦读等企业积极响应国家号召，上线免费阅读专区活动，彰显了网络文学企业在抗击新冠肺炎疫情中的作用及担当。其中，联通沃悦读公司联合中国音像与数字出版协会、数字阅读工作委员会在沃阅读App搭建“战疫情”频道专区，在中国联通手厅App上线“健康科普”专区，供用户免费阅读。免费阅读期间累计曝光量约6155万次，点击量约7148万次、阅读用户约746万人。此外，正值建党100周年之际，宜搜小说在App首页发布《明月度关山》《大国航空》等现实题材正能量书籍的限免活动，向广大读者进行推荐。该活动掀开了歌颂祖国、歌颂党、礼赞英雄、讴歌社会主义事业伟大成就的宏伟篇章。

精准扶贫方面，咪咕数媒开展“童悦工程”项目、蓝色梦想公益项目、“同悦工程”扶贫计划、“三区三州”公益项目，通过开发手机阅读产品、捐赠电子阅读器、配捐公益基金、开办公益课堂等方式，为“老少边贫”区域的文化脱贫攻坚提供支撑。另外，咪咕还与中国农业出版社共同承办了新时代乡村阅读季活动，通过在咪咕阅读App开设免费阅读专区，设置竞赛栏目，吸引基层组织和农民群众参与比赛、推广阅读。短短100天时间，活动吸引了全国31个省（自治区、市）级、309个市（州、盟）级、2550个县（区）级组织及社会各界人士的广泛参与，线上活动累计访问量4218万次，超过193万的农民群众体验了数字化的阅读方式，报名参赛的

农民读者77.8万余人，其中农家书屋管理员10万余人，阅读总时长526万小时，产生书评31万条，在全国乡村形成了比学赶超、崇尚阅读的浓厚氛围。

青少年教育方面，网络文学企业积极为偏远地区儿童提供丰富的阅读资源，组织青少年学习活动，为青少年教育事业添砖加瓦。如联通沃悦读持续参与“童悦工程”项目，丰富偏远地区儿童阅读资源，自其2019年5月30日正式开通全国线上阅读服务以来，联通沃悦读随该公益活动已经走进了河北、四川和甘肃3省12个县的100个村镇校。2020年10月，联通沃悦读随“童悦工程”项目走进四川省的仪陇县、南部县，在当地各学校开展了多场网络阅读辅导，捐赠了20台电子阅读器，并联合出版社捐赠了纸质图书。此外，2020年3月，米读小说成为上海团市委“青年大学习”积分兑换合作伙伴，给予全上海参加“青年大学习”用户兑换米读小说会员的权益，米读小说还通过上海团市委向全市相关医疗机构团组织青年医务工作者赠送米读小说会员。

第四篇

2019年

中国网络文学发展报告

第一章

产业发展情况

一、规模：版权营收持续提升，市场规模平稳增长

2019年，网络文学市场规模达到201.7亿元，同比增长26.6%，行业持续稳步增长。

随着产业的进一步发展，网络文学无论是在内容输出、衍生开发还是版权保护等方面都取得了长足发展，并通过跨界融合整合各方资源，不断推动业务优化升级，带动行业持续健康发展。

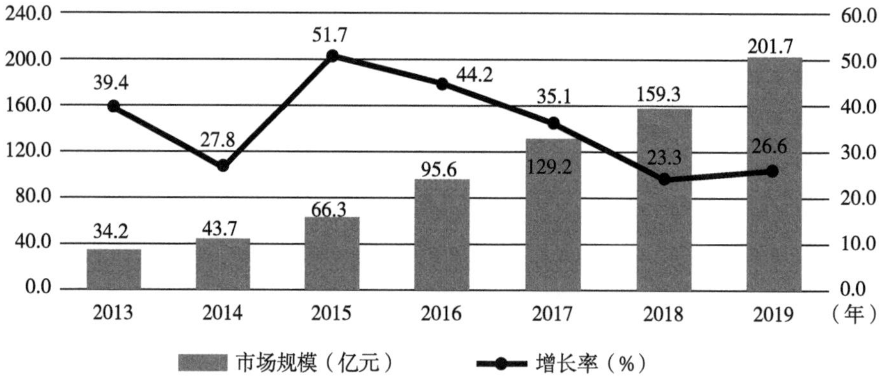

数据来源：
网络文学企业联合调研，网络文学企业访谈以及网络文学企业公开财报

图 4-1 2013—2019 年中国网络文学行业市场规模

伴随网络文学产业链的日益完善，商业模式的日益清晰，网络文学市场规模整体平稳增长。2019年，网络文学行业的收入结构主要包括订阅收入、版权收入、广告收入、电子阅读器收入及其他收入。目前，行业整体仍然以按字数付费阅读为主，此类收入占比超过六成。但近两年来，随着网络文学IP的价值逐步被开发，网络文学行业版权运营的收入也大幅提升，从2018年的21.4亿元增长到2019年的56.6亿元，同比增长164.5%，占比提升了16.6个百分点。这也表明网络文学IP的价值在通过影视、动漫、游戏、有声书等多种改编形式高效变现。

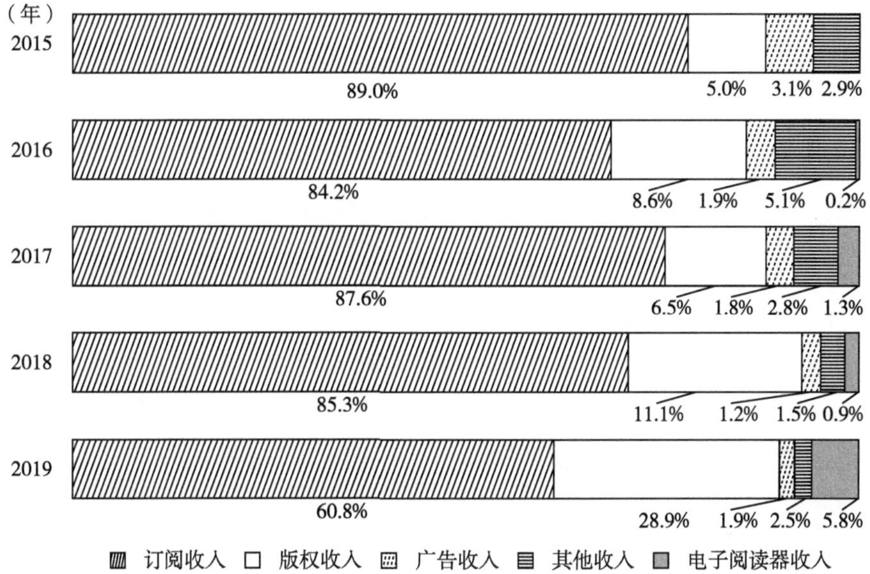

数据来源：
网络文学企业联合调研，网络文学企业访谈以及网络文学企业公开财报

图 4-2 2015—2019 年中国网络文学行业营收结构

二、用户：规模增速放缓，读者年轻化

截至2019年6月，我国网络文学用户规模达4.5亿人，较2018年底增长2337万人，占网民整体规模的50.4%；移动网络文学用户规模达4.4亿人。

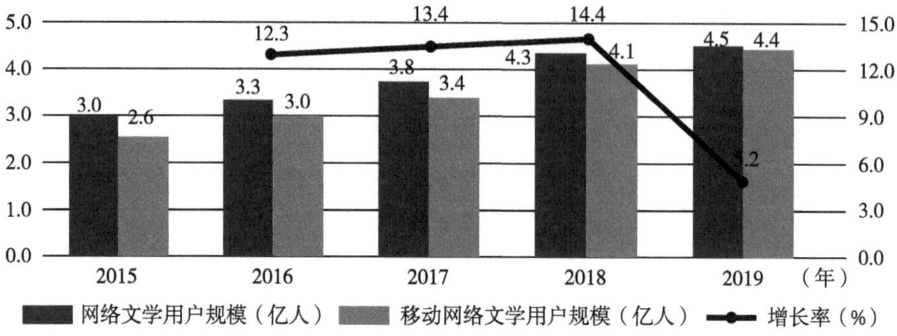

数据来源：
中国互联网络信息中心（CNNIC），第 29 次、第 31 次、第 35 次、第 37 次、第 39 次、第 41 次、第 42 次、第 43 次、第 44 次、第 45 次中国互联网络发展状况统计

图 4-3　2015—2019 年中国网络文学用户规模

根据出版行政主管部门牵头的行业用户联合调研数据，在读者性别分布上，男性读者数量略高于女性读者，占比达54.8%。在读者的年龄分布上，“90后”及以后的年轻读者占比达68.9%，其中“95后”及以后的年轻读者占比近五成，读者队伍趋于年轻化。

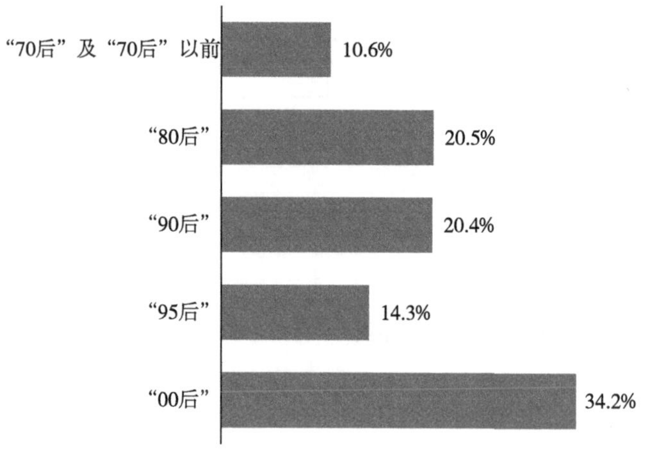

数据来源：
出版行政主管部门牵头的行业用户联合调研

图 4-4　2019 年中国网络文学读者年龄分布

此外，在读者地域分布上，二线、三线及以下城市的网络文学读者进一步增多，占比超过七成。

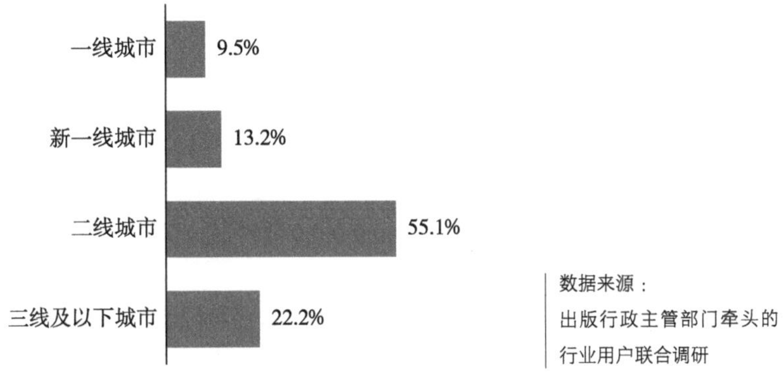

图 4-5　2019 年中国网络文学读者地域分布

从网络文学读者的阅读频率来看，75.2%的读者几乎每天都会阅读，黏性较高，过去一年平均阅读14.9本书。

从网络文学读者的平均每次阅读时长来看，平均每次阅读超过1小时的用户占比超七成，人均单日阅读时长为74.2分钟。

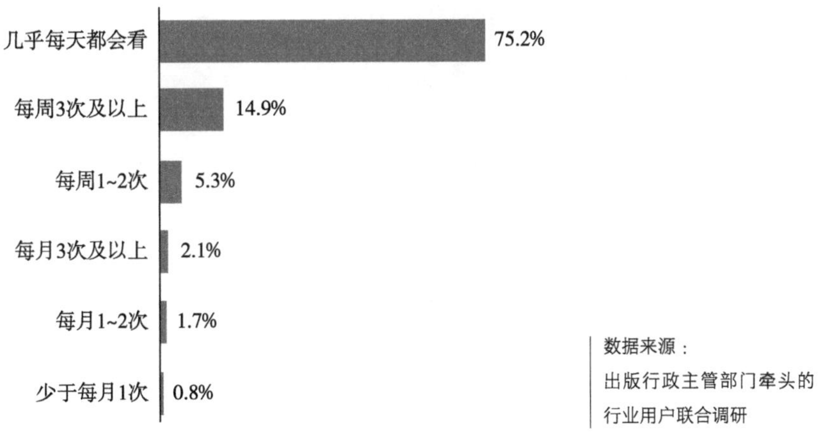

图 4-6　2019 年中国网络文学读者阅读频率

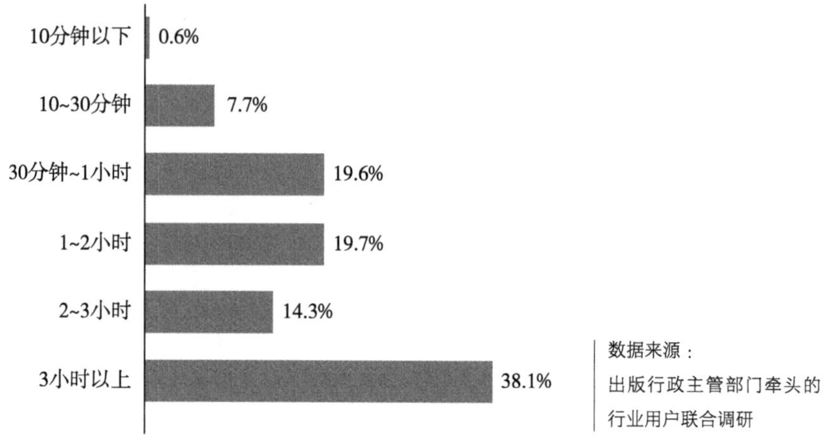

图 4-7　2019 年中国网络文学读者平均每次阅读时间

在衍生内容方面，超八成网络文学读者关注IP改编，由网络文学改编的影视剧仍为用户首选。

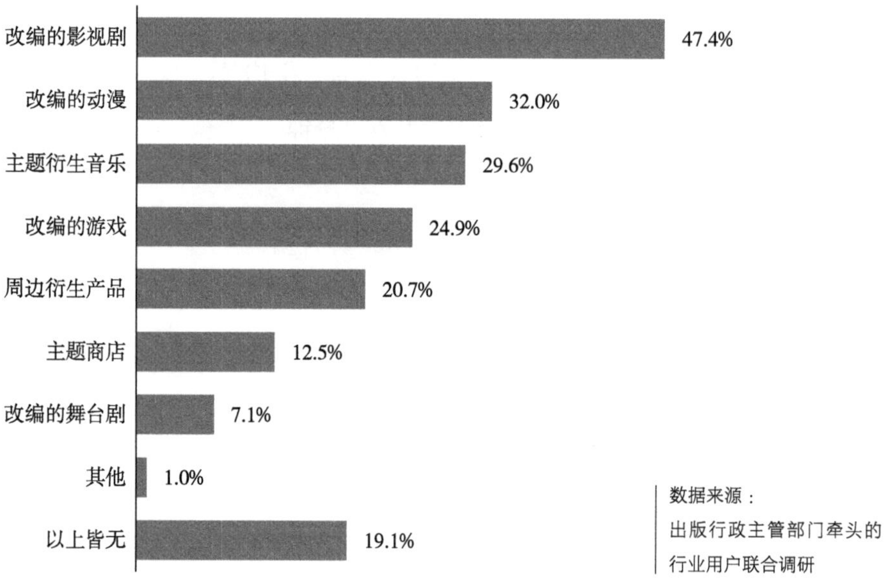

图 4-8　2019 年中国网络文学读者关注的衍生内容

在衍生内容的消费方面，网络文学读者更愿意为网络文学IP改编的影视剧与动漫买单，总体消费意愿较去年有明显上升。

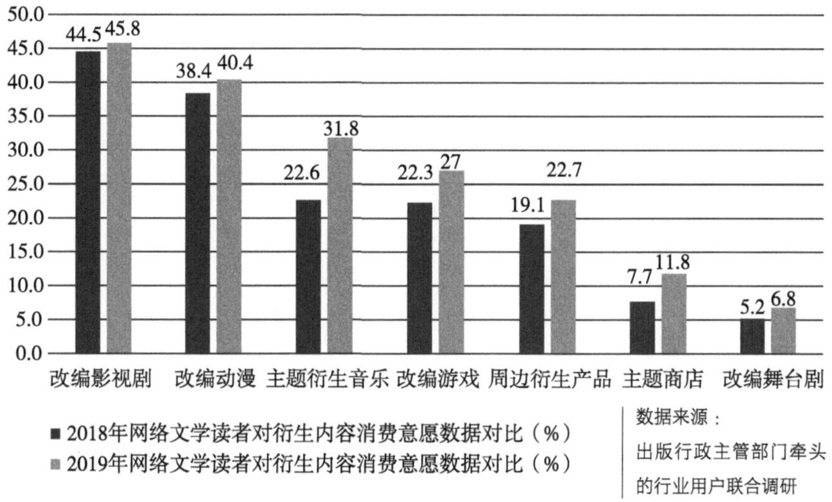

图4-9　2019年与2018年中国网络文学读者对衍生内容的消费意愿数据对比

三、创新：创新举措不断涌现，阅读体验持续优化

在商业模式方面，随着移动阅读产业链的日益成熟、网络文学作品储备的日益丰富，以及移动广告产业的创新发展，信息流广告等移动效果广告也普遍得到了广告主的认可。从2018年下半年开始，以连尚文学为代表的一批免费阅读网络文学平台崛起，在免费阅读模式上另辟蹊径，开拓看广告即可免费阅读的运营模式，这一模式使长尾作品有了更多接触用户的机会。这不仅是网络文学全新商业模式的有益探索，也为网络文学变现打开了一扇新的大门，更对整个行业起到了触动作用。

免费阅读以在阅读过程中插入广告，免费阅读正版小说的方式，为用户提供了一种通过阅读体验来降低阅读花费的新方式，能更好地激活三线及以下城市和广大乡镇农村的用户。在作品选择方面通常选取平台中部、腰部作品；投放广告一般以效果类为主，接入一些外部的移动广告联盟，如广点通、巨量等；内容分发特点则注重智能推荐，希望读者看到尽量多的内容。

根据艾瑞咨询的数据，2019年，在移动端前10名的网络文学App月度覆盖中，一些免费阅读App崭露头角，之后几个月的用户规模增长也呈现波动上升的态势。

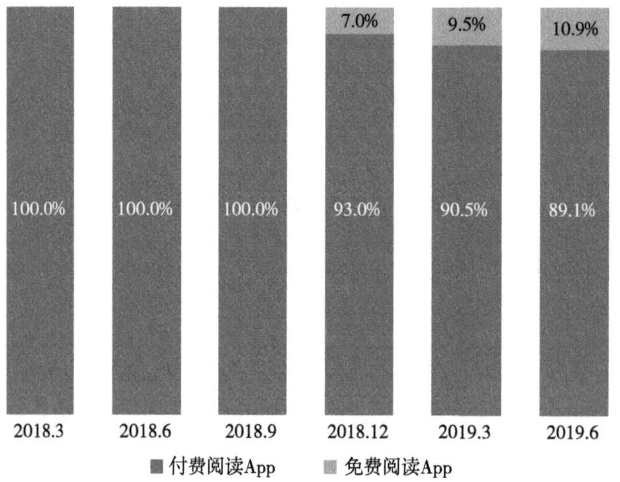

数据来源：艾瑞咨询《2019年中国移动阅读发展趋势研究报告》

图 4-10 2018—2019 年移动端前 10 名网络文学 App 月度覆盖占比

免费阅读模式的兴起，开启了网络文学变现的新大门。免费阅读模式是在运营上采取平台内容免费开放阅读，读者可以选择有广告或者购买VIP跳过广告的运营模式，将选择权交予读者。与付费阅读相比，免费阅读的优势是可以吸引更多的用户，而劣势则是为增加用户黏性，可能忽视对作品质量的把握，此外，每章节后的广告也会一定程度地影响用户的阅读体验。

在用户方面，根据艾瑞咨询2019年对头部网络文学免费及付费阅读App分析的数据，付费阅读平台消费主力为年轻男性，30岁以下用户超七成，而免费阅读平台用户性别比例总体较均衡，男性用户相对较多，六成左右用户年龄在30岁以下，中年用户比例略有上升。在用户重合度方面，免费阅读与付费阅读产品的用户重合度较低，这也从侧面印证了两类产品有着较大差异，从而使网络文学市场呈现出一定程度的用户分化。

在技术应用方面，科学技术的飞速发展，也突破了网络文学行业的壁垒。智能音箱与彩色电子墨水屏的问世，以及阅读内容与AR、VR技术结合的形式，让阅读的载体越发智能，极大地拓展了用户的阅读场景，令用户在视觉与听觉上拥有了更好的阅读体验。文学内容与智能终端的深度结合也能在未来通过无缝切换充分满足阅读需求，使文学呈现形式更加多样。人工智能技术的日趋成熟，让网络文学平台开始运用大数据技术对读者的阅读行为及兴趣偏好进行分析，为读者提供更精准及个性化的内容推荐，增加用户与内容的接触机会，扩大接触面，极大地满足用户的差异化需求，不断促进用户消费。除此之外，人工智能还能加大网络文学平台内容审核方面的把关力度，让阅读体验进一步优化。

在运营创新方面，多个网络文学平台通过打造包含会员、单订、广告、版权等多种业务协同的复合型商业模式，提高了企业的盈利能力。近年来，随着IP开发成本飙升，中国新闻出版研究院数字出版研究所构建了网络文学IP价值评估体系，促进IP评估更加科学有效，为优秀的网络文学IP搭建起版权交易的权威平台，为产业链中下游企业在选择要改编的网络文学IP时提供客观参照，推动网络文学IP的精品化。此外，顺应直播与短视频风口，网络文学IP多渠道联动，利用短视频形式将IP与视频情节、主题相结合，让用户有更强的代入感。短视频营销这种新颖的方式也帮助移动阅读企业更好地曝光自身品牌，推广优质内容曝光。网络文学新业务模式的出现，在增加内容可见度的同时，也使得优质内容的变现方式日渐丰富。

在内容创新方面，鼓励网络文学作者拓宽创作领域，打造精品网络文学作品，丰富网络文学创作题材，鼓励创作历史、体育、武侠、科技等各类题材的内容，实现百花齐放。

四、公共建设：积极参与公益服务，树立良好社会形象

近年来，在中国“网络文学+”大会的倡导下，网络文学行业的众多企

业也开始积极参与公益服务，为社会做出贡献，向社会传递正能量。

2018年4月，由中国“网络文学+”大会倡议，阿里文学和中国社会福利基金会联合发起，多家媒体和网络文学企业共同参与的“益起读书”公益项目启动，依托互联网技术优势，通过App等平台，借助庞大的用户基础，让每个人可以利用碎片化的时间，表达善意和社会责任感，实现线上阅读、线下捐赠。

掌阅科技发起“全民阅读 文化筑梦”公益项目与“助残扶贫·居家就业”公益项目。“全民阅读 文化筑梦”公益项目为贫困地区、少数民族聚居区、革命老区等地区捐赠爱心阅读室，并拟在3年内捐赠100间图书阅览室、500台电子阅读器、40余万册数字图书、3万余册纸质图书，通过推广全民阅读，让更广泛地区、更多读者享受到阅读的乐趣，助力贫困地区儿童圆阅读梦。“助残扶贫·居家就业”公益项目提供居家就业岗位，不仅帮助因残致贫家庭获得稳定收入，摆脱了贫困，还帮其逐步迈向小康。

沃阅读通过“书送希望，书送未来”公益项目成立阅读捐赠站，2017年、2018年先后向湘西龙山县贫困村、湘西凤凰县山江镇东就村的学生们捐赠书籍及物资进行文化扶贫。

连尚文学启动“连尚文学·梦想书屋”公益项目，通过捐资建设图书室（阅览室）、开展写作指导与阅读推广活动、开展留守儿童关爱活动等阅读扶贫帮困形式，满足广大农村中小学生在阅读方面的精神文化需求。

这一系列的公益行动在为书籍稀缺地区的儿童送去图书、文具和物资，奉献自己爱心的同时，也使民众，特别是青少年养成了良好的阅读习惯，树立了网络文学企业良好的社会形象。

五、“出海”：海外输出势头不减，“翻译出海”暂为主流

近年来，国家倡导的推动中华文化“走出去”为中国网络文学发力全球市场注入了一针强心剂。原国家新闻出版广电总局印发《关于推动网络

文学健康发展的指导意见》（新广出发〔2014〕133号），原文化部出台《关于推动数字文化产业创新发展的指导意见》（文产发〔2017〕8号）、印发《文化部"一带一路"文化发展行动计划（2016—2020年）》，均号召文化骨干企业率先"走出去"，重点要健全文化交流合作机制、完善文化交流合作平台、打造文化交流品牌、推动文化产业繁荣发展、促进文化贸易合作。政策的出台引导中国网络文学企业充分发挥精品价值，在全球文创领域扮演更具分量的角色，提升了中国文化的传播力和影响力。

2019年，网络文学"出海"仍以东南亚与欧美地区的国家为主，已经覆盖40多个"一带一路"沿线国家和地区。在网络文学"出海"模式方面，目前主要有"翻译出海""直接出海"与"改编出海"三种模式。根据调研数据，在2019年中国网络文学"出海"模式占比中，"翻译出海"以72.1%的占比成为目前最主流的"出海"模式。各大网络文学企业充分发挥精品价值，将自有优秀网络文学作品翻译成多国语言输出海外，不断满足各个国家和地区的市场需求。截至2019年12月，输出作品数量已超过万部，其中，翻译作品数量为3452部。在输出题材方面，欧美国家用户偏爱玄幻奇幻类作品，亚洲国家和地区的用户则偏爱都市现实类作品。

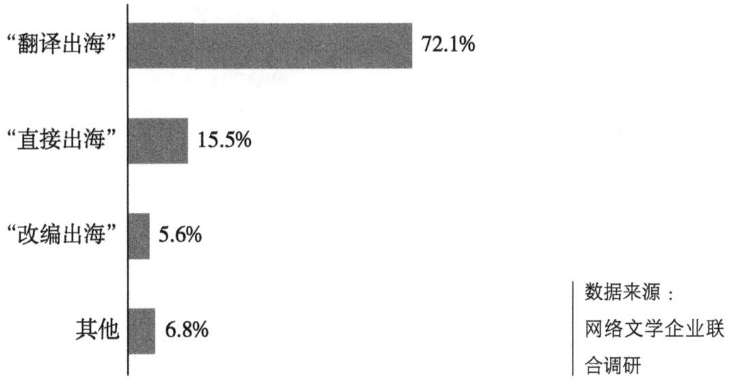

图 4-11 2019 年中国网络文学"出海"模式占比

第二章 作品分析

一、作品：扶持重点作品，发挥导向作用

政策对作品的看重、平台对作者的看重进一步给予了作者创作动力，网络文学作品数量缓速增长。在2015年之前，网络文学作品规模没有明确统计，自2015年后，网络文学作品累计规模逐年递增，2019年已累计达到2590.1万部，较2018年新增148万部，其中新增签约作品94.9万部。

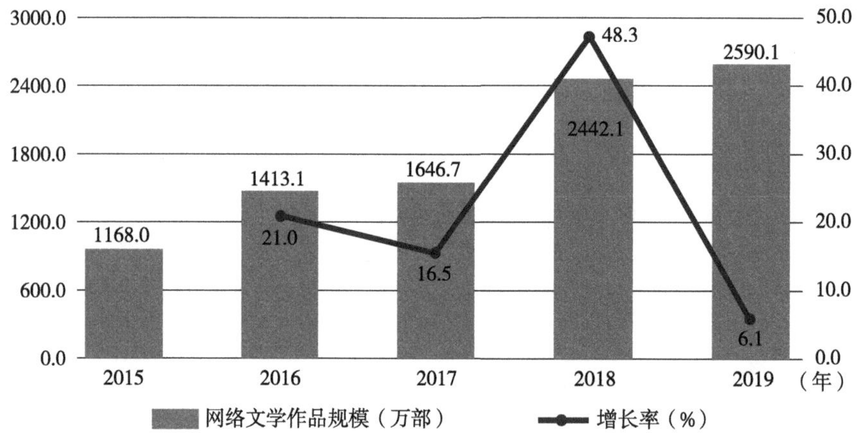

数据来源：网络文学企业联合调研

图4-12 2015—2019年中国网络文学作品规模

伴随作品规模的逐渐壮大，精品力作也在不断涌现。在国家新闻出版署与中国作家协会联合举办的“庆祝新中国成立70周年”主题网络文学作品评选暨2019年优秀网络文学原创作品推介活动中，《大江东去》《繁花》《浩荡》《宛平城下》《传国功匠》等25部作品获得推介。这些入选作品中有记录中华民族砥砺前行足迹、反映新中国沧桑变化和改革开放发展成就的全景式现实题材作品，如《大江东去》《浩荡》《大国重工》；有讴歌党、讴歌祖国、讴歌人民、讴歌英雄的情怀佳作，如《宛平城下》《太行血》《青春绽放在军营》；有表现普通人的奋斗精神和向上向善的正能量作品，如《朝阳警事》《一脉承腔》；也有积极探索创作手法网络化的精品佳作，如《全科医生》《传国功匠》。这些评选及奖项在遴选追求真善美、传播正能量的优秀网络文学原创作品的同时，通过其示范作用，进一步推动了网络文学的规范化、健康化、有序化发展，让网络文学主流化进程又向前迈进了一大步。

二、改编：IP改编多点开花，现实题材IP改编备受青睐

网络文学处在整个泛娱乐产业的最上游，凭借其丰富的内容储备资源无时无刻不在为整个产业链输送内容和故事，网络文学IP开发是其影响力、辐射力增强的重要途径。以网络文学乃至整个文学为核心，影视、游戏、动漫等多业态联动发展模式逐步成熟，通过IP改编将影视、游戏、动漫等不同内容形式串联起来，以多元化的表现形式及开发方式满足不同用户的个性化需求，促使泛娱乐生态链上各环节产生联动效应，让网络文学IP的价值发挥到最大。而网络文学作为重要的IP源头，在整个文化娱乐产业中的延展力与影响力也日益凸显。

在2019年，网络文学IP新改编作品达到9656部，其中改编有声作品数量为8866部，占到了90%以上，有声作品市场快速扩张为中国网络文学行业带来新的机遇。

此外，2019年网络文学改编出版纸质图书134部，改编影视剧243部。一批现象级网络文学IP影视改编作品出现，意味着网络文学IP的影视改编模式日益成熟，已经有能力产出价值观积极正向、制作精良的高质量大众文化产品。

网络文学改编动漫289部。越来越多的网络文学IP改编的动漫作品逐渐受到关注，并吸引到更多人关注作品本身，阅文选取自身优质IP出品的《斗罗大陆》《全职高手》《斗破苍穹》等动画收获了热烈反响，吸引了更多流量。

网络文学改编的游戏数量达到124部。虽然数量与影视化、动漫化相比较少，但网络文学的奇思妙想与故事情节为游戏开发提供了良好的文案与思路，网络文学IP与游戏市场深度融合，在未来有着广阔的发展空间。

表4-1 截至2019年中国网络文学IP新增改编数量

改编类型	新增改编数量（部）
纸质图书	134
电影	49
网络大电影	39
电视剧	67
网络剧	88
动漫	289
游戏	124
有声作品	8866

（数据来源：网络文学企业联合调研）

在政策引导下，近几年现实题材创作受到高度重视。根据网络文学企业联合调研数据，在2019年网络文学IP改编作品题材分布中，现实题材占比61.4%。现实题材由于贴近国情民生，故事和人物的塑造都在刻画时代，描绘现实，更能引起百姓的共鸣。在现实类改编作品中，都市职场类作品以32.7%的比例位列第一，网络文学小说已经成为现实题材影视剧创作的重要来源之一。

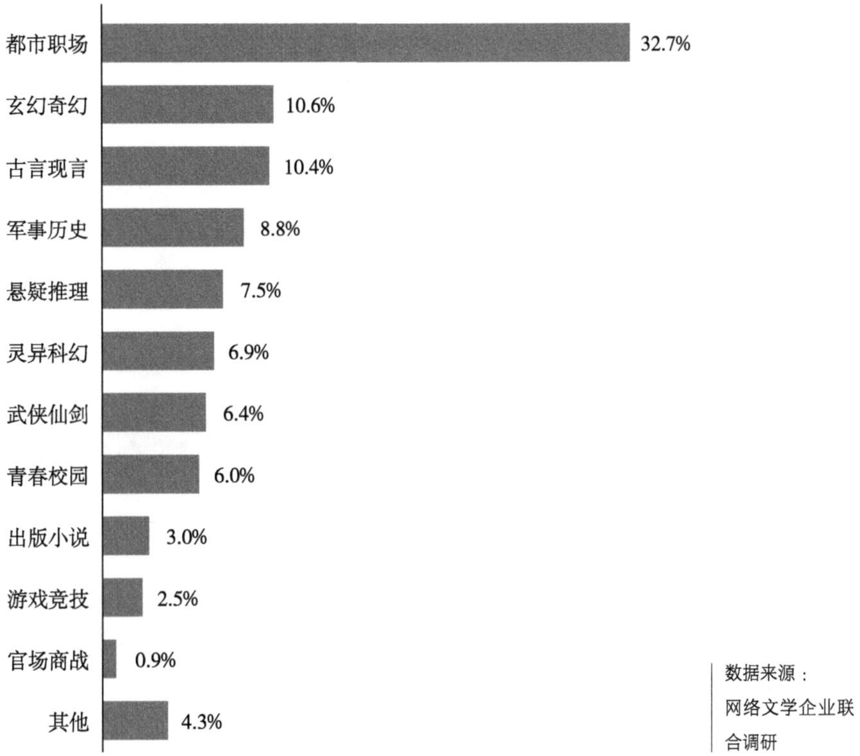

图 4-13　2019 年中国网络文学 IP 改编作品题材分布

第三章
作者分析

一、规模：网络文学作者数量持续稳步增长

近年来，网络文学作者数量持续稳步增长。截至2019年，中国网络文学平台注册作者规模达到1936万人，较2018年增长181万人；签约作者规模达到77万人。网络文学作者收入的日益提高、协会企业对作者的扶持、网络文学IP的潜在价值，都吸引着更多人加入这个行业，为网络文学行业源源不断地提供新的创意与内容。

而在签约作者中，兼职作者占40.0%。数据显示，越来越多的人愿意尝试写作，兼职写作有渐成主流的趋势。

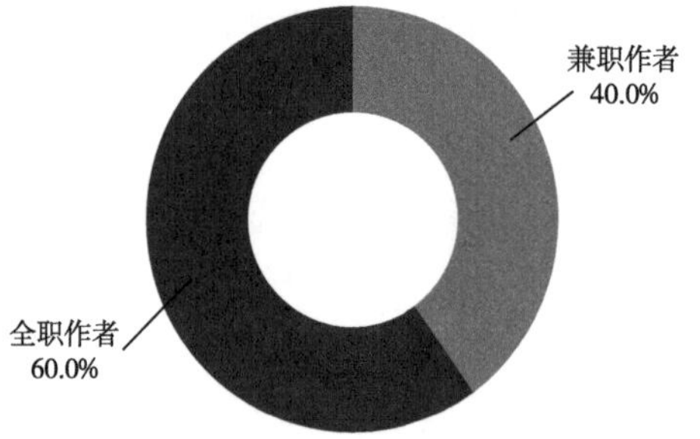

数据来源：网络文学企业联合调研

图 4-14　2019 年中国网络文学全职、兼职签约作者占比

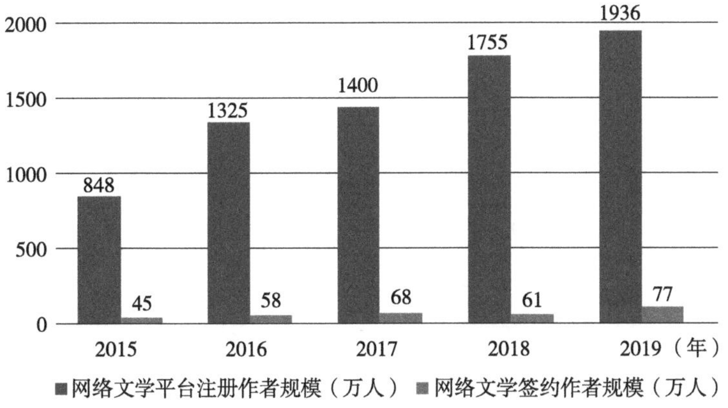

数据来源：网络文学企业联合调研

图 4-15　2015—2019 年中国网络文学平台注册作者和签约作者规模

二、画像：女性作者占比提升，主要分布在二线、三线城市

根据网络文学企业联合调研数据，2019 年网络文学作者在性别分布上，女性作者数量已超越男性，占比达到53.1%，较2018 年增长9.7 个百分点。

表4-2　2019年中国网络文学作者性别分布

作者性别	占比（%）
男性作者	46.9
女性作者	53.1

（数据来源：网络文学企业联合调研）

在学历分布上，网络文学作者学历集中在大学专科、大学本科，其中拥有大学本科学历的作者比例最高，为32.4%，其次是28.8% 的大学专科学历。高中及以下学历的作者占比略有提高，这与网络文学作者群体逐步年轻化密不可分。

在网络文学作者的地域分布上，北上广深四个一线城市的网络文学作者占比为14.1%，成都、重庆、杭州、武汉、西安、天津、苏州、南京等新一线城市作者占比为20.6%，其他城市的作者占比超六成，达65.3%。相较于一线与新一线城市快速的生活节奏，生活压力较小的二线、三线及以下城市的作者所拥有的可支配时间更长，也能更好地静下心来思考创作内容。

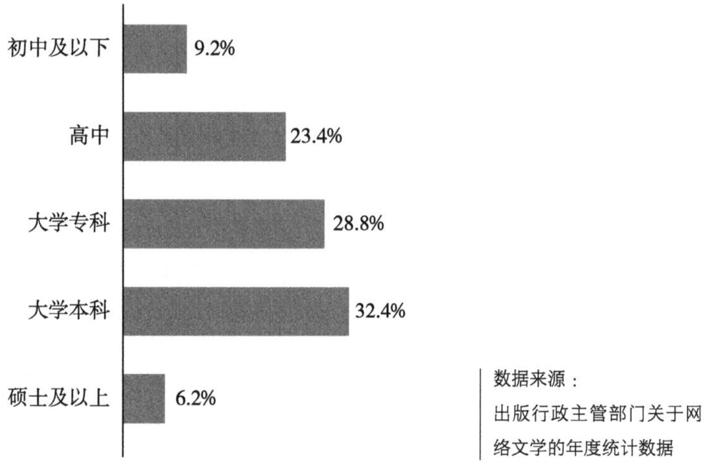

图 4-16　2019 年中国网络文学作者学历分布

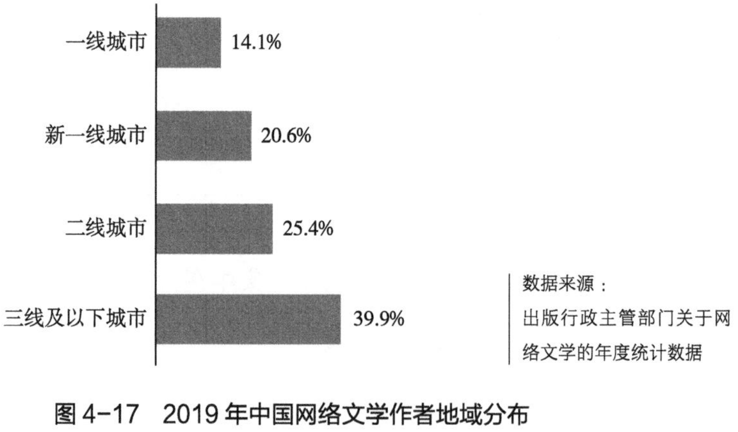

图 4-17　2019 年中国网络文学作者地域分布

三、笔龄：创作新秀渐成主力，创作队伍更为年轻

在年龄分布上，“90后”年轻作者占比达44.6%，已成为创作主力军。“Z世代”崛起，越来越多年轻人开始写作，创作队伍年轻化趋势明显。年

轻作者对当下热点、流行元素等更为熟悉，且拥有更丰富的想象力与创造力，因此更容易写出与当代年轻人有共鸣的文字。

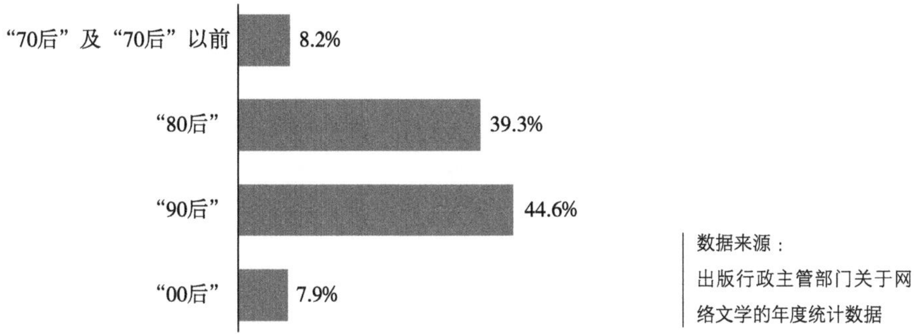

图 4-18　2019 年中国网络文学作者年龄分布

在写作笔龄上，新人大量涌现，笔龄不满3年的作者占比达43.1%。这也与网络文学作者年龄逐步年轻化的趋势密不可分。随着这批作者年龄和阅历的增长，其在选题立意和创作技巧方面的能力将持续提升，也为未来优秀作品的持续涌现提供了坚实的人才保障。

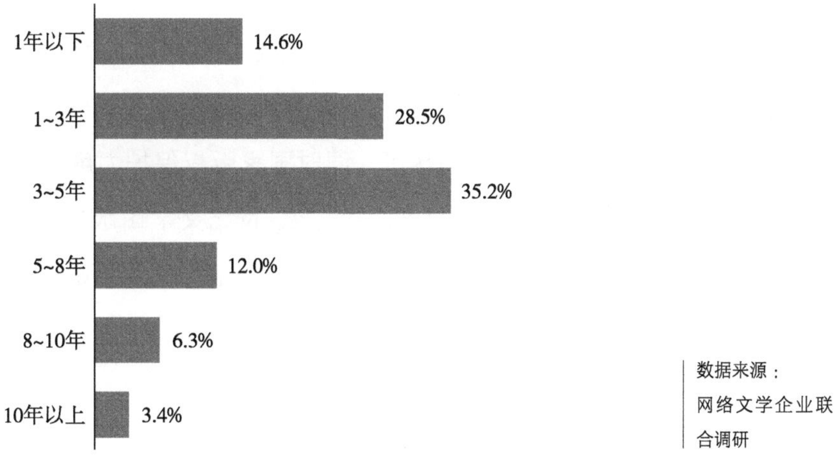

图 4-19　2019 年中国网络文学作者笔龄分布

四、创收：日均创作4.5小时，月收入超过5000元

网络文学作者呈现出高度年轻化的特征，创作精力旺盛，创作能力强劲。根据网络文学企业联合调研数据，在创作时长方面，网络文学作者平均每日创作时长为4.5小时，每天创作3小时以上的作者数量超过六成，网络文学平台日均更新1000余万字。在内容为王的时代，不辜负读者的期待与信任是推动网络文学创作的不竭动力，是激励作者持续创作和更新的基础。

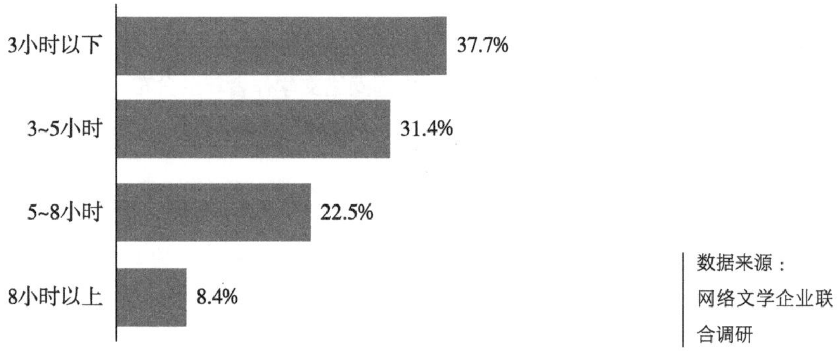

图 4-20 2019 年中国网络文学作者平均每日创作时长

在收入方面，根据调研数据，网络文学作者平均月收入为5133.7元。这也意味着中国网络文学作者的收入在持续得到改善，这说明网络文学作者的付出得到了越来越多读者的认可。同时国家版权保护力度的不断加大，持续推动网络文学读者的付费率显著提高。网络文学IP版权的价值与IP衍生作品所带来的潜在价值也是促进网络文学作者收入水平提高的重要原因。

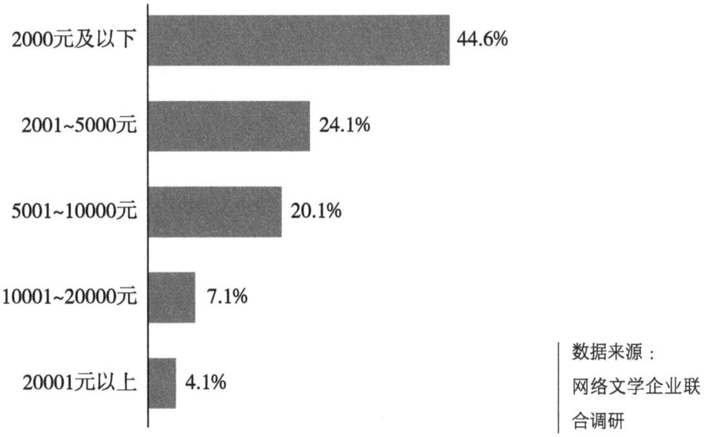

图 4-21 2019 年中国网络文学作者月收入分布

五、偏好：不同性别和年龄段，作者创作偏好有所不同

从作者创作的题材偏好看，男性作者偏爱创作都市职场类与玄幻奇幻类作品；女性作者则偏爱创作都市生活类的现代言情类作品。在作者不同年龄段偏爱创作的题材上，“70后”及“70后”以前的作者偏爱历史军事与年代文；“80后”“90后”作者偏爱创作都市职场与玄幻奇幻类作品；“00后”作者则偏爱创作二次元类作品。作者创作偏好的不同，也与每个年龄段作者不同的经历与阅历有关。

表4-3 2019年中国网络文学作者创作题材偏好

作者分类		偏爱创作题材
按性别分	男	都市职场、玄幻奇幻
	女	现代言情
按年龄段分	“70后”及“70后”以前	历史军事、年代文
	“80后”	都市职场、玄幻奇幻
	“90后”	都市职场、玄幻奇幻
	“00后”	二次元

（数据来源：网络文学企业联合调研）

六、建设：规范管理制度，加强队伍建设

在管理制度规范上，国家新闻出版署《关于进一步加强网络文学出版管理的通知》要求，要严格规范登载发布行为，普遍实行网络文学作者实名注册制度，并在平台上明示登载规则和服务约定，对创作者登载发布行为提出明确要求。

在加强队伍建设上，目前，除新疆、西藏外，全国其他省（自治区、市）都成立了省级网络文学组织，全国共有各级网络文学组织115个，其中2019年新成立26个，比如浙江、江苏、海南、湖北、湖南、甘肃、河北等省份的网络作家协会，中国网络作家村、中国网络文学小镇等，这些网络文学组织的成立，能帮助聚集更多的网络文学作者，让他们有更多的空间发挥创作天赋，写出更好的作品，引导网络作者从时代高度思考自身责任和前进方向。与此同时，还能将网络文学上下游环节的平台整合起来，放大衍生价值，推动文化建设。

此外，中国作家协会网络文学中心通过组织召开全国网络文学工作会议，支持指导浙江、上海、江苏、广东、重庆、四川等重点地区探索工作模式。各网络文学平台加入中国作家协会的作者人数已过百人，加入地方作协及网络作协的作者人数已过千人。

从国家到地方的各项举措规范了网络文学行业的管理制度，加强了作者队伍的建设，也能够进一步引导广大网络文学作者对读者负责、对社会负责，恪守公序良俗，弘扬新风正气，对打造精品力作、维护网络文学行业良好声誉具有重要意义。

第五篇

2018年

中国网络文学发展报告

第一章

作品分析

一、中国网络文学作品数量显著增长，精品力作不断涌现

在2015年之前，关于网络文学作品规模没有明确的统计，自2015年后，网络文学作品的规模逐年壮大，从2015年的1168.0万部，到2016年达到1413.1万部，再到2017年达到1646.7万部，较2016年同比增长16.5%。截至2018年，各类网络文学作品累计达到2442.1万部，较2017年新增795.4万部，同比增长48.3%。其中，2018年新增签约作品24万部，签约作品达129.1万部。此外，伴随庞大的内容规模，网络文学精品力作不断涌现。

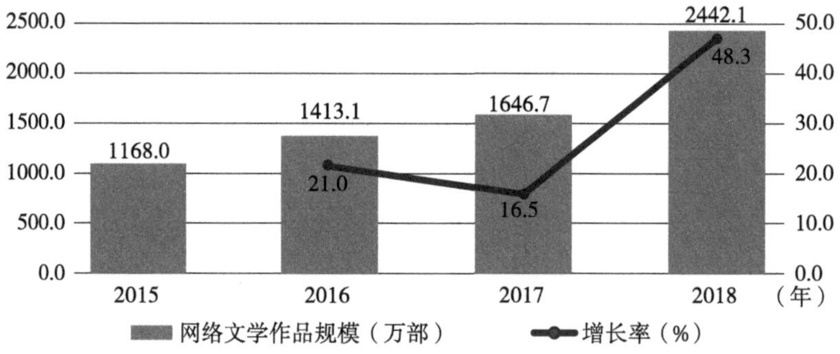

数据来源：
出版行政主管部门
关于网络文学的年
度统计数据

图 5-1　2015—2018 年中国网络文学作品规模

随着内容规模的逐渐庞大，网络文学精品力作也不断涌现，国家各部门也积极推动国家新闻出版署和中国作家协会组织开展“2018年优秀网络文学原创作品”推介活动。2018年，在由中国图书评论学会组织专家评选的2018年“中国好书”中，有3部网络文学作品首次入选。此外，中国作协“2018年中国网络小说排行榜”也评选出20部优秀的网络文学作品。截至2018年12月，在省级以上的评奖、评选中获奖或提名的网络文学作品共计434部。这些评选以及奖项进一步推动了网络文学的规范化发展，让网络文学主流化进程又向前迈进了一大步。

表5-1　2018年中国网络文学作品评选活动

活动	成就
“2018年优秀网络文学原创作品”推介活动	入选24部
2018年“中国好书”	3部网络文学作品首次入选
中国作协“2018年中国网络小说排行榜”	评选优秀作品20部
省级以上评奖、评选中获奖或提名的网络文学作品数	434部

（数据来源：网络文学企业联合调研）

二、中国网络文学作品创作题材日益丰富，现实题材持续增长

根据网络文学企业联合调研的数据，从作品的题材分布来看，在目前国内主流的网络文学平台上，现实题材作品数量的占比已经超过六成，达65.1%，较去年同比增长24.0%。现实题材作品数量的增长，也与政府有关部门、文学与文艺的组织管理部门一直都很重视现实题材创作密不可分。

而在现实题材作品的数量占比中，都市言情类题材网络文学原创作品占比位居第一位，青春校园题材与侦探推理题材分别占据现实题材作品数量的第二位和第三位。

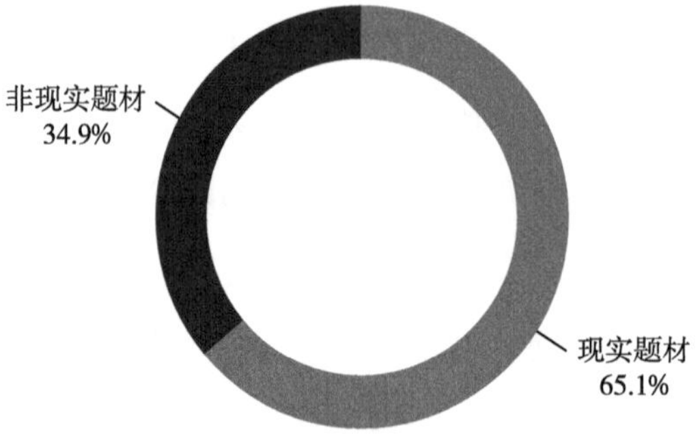

数据来源：网络文学企业联合调研

图 5-2　2018 年中国网络原创作品题材作品数量占比

在2018年的优秀网络文学原创作品推介中，网络文学“趋主流化”现象明显，党和政府机构提出的核心价值观与一系列重要方针决策在网络文学的创作中得到较多的体现；此外，现实题材创作崛起，在“2018年优秀网络文学原创作品”推介活动入选的24部作品中，生活职场、都市言情、历史军事、侦探推理作为现实题材占比高达79.2%。一批反映创新创业、社区管理、精准脱贫、物流行业、志愿支教、大学生村官等生活领域的现实题材网络文学作品脱颖而出，内容质量和主题格调明显提升，社会效益显著。

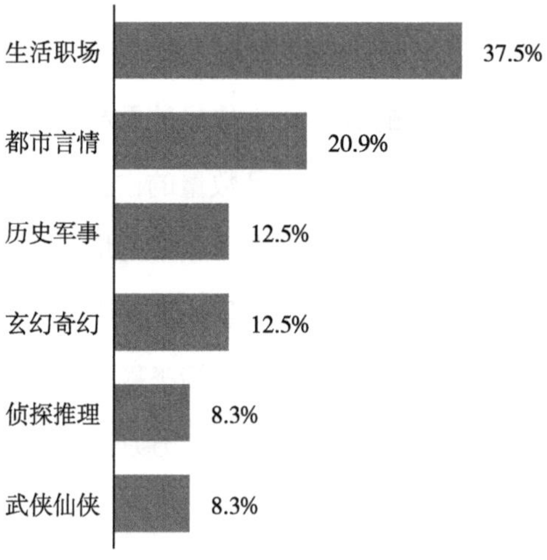

数据来源：网络文学企业联合调研

图 5-3　2018 年中国优秀网络文学原创作品推介内容题材情况

三、中国网络文学作品创作篇幅长，平均篇幅超60万字

根据网络文学企业联合调研的数据显示，截至2018年，完结的网络文学作品篇幅中，10万字及以下的完结作品占比为29.5%，11万~30万字的作品占比达16.1%，超过30万字的完结作品占比达到54.4%，完结网络文学作品的平均篇幅为65.8万字。此外，在完结的网络文学作品中，超过六成的完结作品创作时间在6个月以上。

65.8万字的平均篇幅也表明大部分网络文学作者都投入了较长的时间与精力去创作，而这种精益求精的精神，也能打造出更多精品。

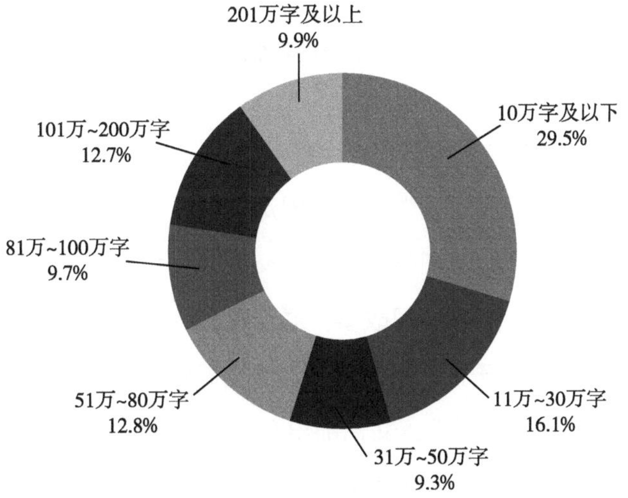

数据来源：
"2018 年优秀网络文学原创作品"推介活动

图 5-4　截至 2018 年完结的网络文学作品平均篇幅

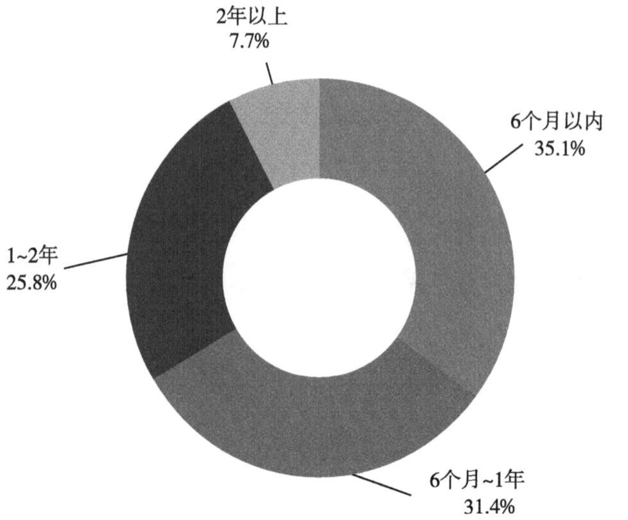

数据来源：网络文学企业联合调研

图 5-5 截至 2018 年完结的网络文学作品平均创作周期

四、中国网络文学乘风破浪，全球“圈粉”

中国网络文学现今已成为助力中国走向世界出版强国的重要力量。近年来，党的十九大提出要加强中外人文交流，以我为主、兼收并蓄，加强国际传播能力建设，讲好中国故事，展现真实、立体、全面的中国，提高国家文化软实力。《关于推动网络文学健康发展的指导意见》明确提出开展对外交流，推动“走出去”；文化部出台《关于推动数字文化产业创新发展的指导意见》，提出了发展数字文化产业的指导思想、基本原则和发展目标。文化部印发《“一带一路”文化发展行动计划（2016—2020 年）》，号召文化骨干企业率先“走出去”，发展重点项目及产业合作。这一系列的国家政策引导更是为中国网文发力全球市场注入了一针强心剂，将指导其充分发挥精品价值，在全球文化创作领域扮演更具分量的角色。

网络文学“出海”火热，从原来的内容输出已经演变升级为现在的文化输出。目前，中国网络文学作品已经覆盖东亚、东南亚、北美、欧洲等地区，被翻译成英语、韩语、泰语、日语等十几种语言，“出海”内容题材更是覆盖科幻、都市言情、武侠仙侠、玄幻奇幻、言情、游戏竞技等多个类型。截至2018年，向海外输出的中国网络文学作品数量高达11168部。伴随着“出海”国家的不断增加，中国网络文学作品内容将更加丰富，凭借自身的独特优势和内容特色满足各个国家和地区的市场需求，进一步提升和壮大文化影响力。

在输出海外的作品中，玄幻奇幻、武侠仙侠与游戏竞技类型的网络文学作品在欧洲与美洲更加畅销；而东南亚国家及日本、韩国的网络文学用户则对都市言情及青春校园类网络文学作品更加青睐。

五、中国网络文学IP以点带面，成IP改编核心资源

位于泛娱乐产业链源头的网络文学，以其丰富的内容储量为整个泛娱乐行业提供优质内容，是整个泛娱乐行业的重要组成部分。而随着行业的不断发展与市场需求的不断提升，大量网络文学IP也都逐步泛娱乐化，将IP影响力进一步扩大。

在2018年，中国网络文学作品新增纸质图书出版数1193部。在改编影视剧方面，网络文学改编影视剧也成为目前影视内容的一大重要来源。在2018年，网络文学总共新增改编电影203部，新增改编电视剧239部，如《扶摇》等网文IP改编剧完结时全网播放量破百亿次，也获得了第十九届中国视频榜年度热剧、第二届金鲛奖年度十佳网剧等多个年度奖项，而《大江大河》《橙红年代》等现代题材的网文改编影视作品也受到了高度关注。每当电视剧播出时，相关主角姓名与剧情也频频登上热搜榜。可以看出，优质的网络文学内容为其积淀了深厚的读者基础，网络文学改编影视剧也已经被大众广泛接受，产生了一定的社会影响力。在动漫改编方面，近年来网络文学改编动漫逐渐受到关注，多部动画产品在收获高播放量的同时也收获了好口碑。截至2018年底，新增改编动漫569部，国产动画产业不断发展，国家制作动画的水准不断提高，这也吸引了更多的流量。其

中，动画《斗罗大陆》累计播放量近100亿次，《斗破苍穹》累计播放量超40亿次，《魔道祖师》累计播放量突破25亿次。此外，更是通过动漫与影视全方位改编的模式，进一步扩大了原著网络文学IP的影响力。在改编游戏方面，截至2018年底，中国网络文学新增改编游戏96部。游戏行业高速发展，网络文学IP能够以曲折生动的故事情节为整个游戏开发提供创意支撑，带来不错的流量反馈。而与影视、动漫相比，网文IP改编游戏数量相对较少，对于IP与整个游戏市场的有效利用和深度融合，未来还存在广阔的发展空间。

表5-2　截至2018年中国网络文学作品新增改编数量

改编类型	新增改编数量（部）
纸质图书	1193
电影	203
电视剧	239
动漫	569
游戏	96

（数据来源：出版行政主管部门关于网络文学的年度数据）

第二章

作者分析

一、中国网络文学作者数量持续增加，创作队伍不断壮大

近些年来，网络文学作者数量保持了较高速增长，从图5-6中可以看出，截至2018年，国内主要网络文学平台的注册作者已达到1755万人，较2017年增长355万人。2018年网络文学签约作者61万人，占比较2017年有所降低，其中，全职作者占比38.1%，兼职作者占比61.9%，越来越多的人愿意尝试写作，兼职写作逐渐成为新趋势。

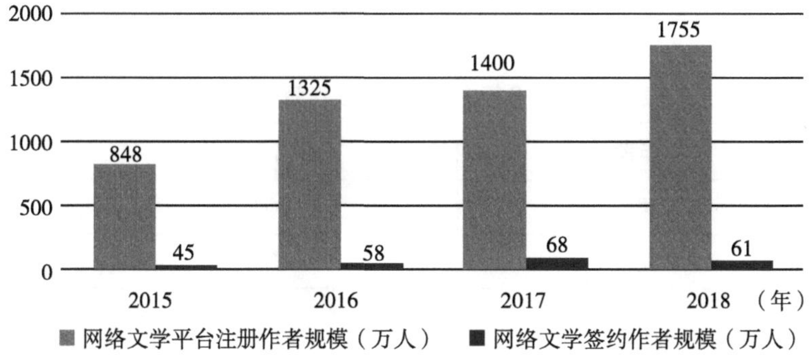

数据来源：
出版行政主管部门关于网络文学的年度统计数据

图5-6 2015—2018年中国网络文学平台注册作者和签约作者规模

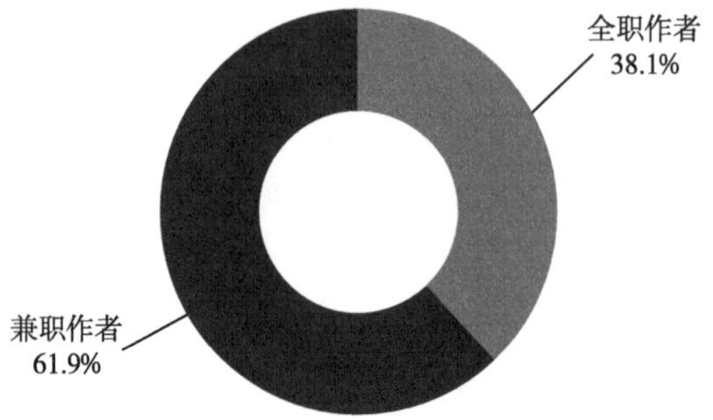

图 5-7　2018 年中国网络文学全职、兼职签约作者占比

政策对网络文学行业的重视、网络文学行业健康稳定的发展及网络文学IP衍生所爆发出的巨大价值，让网络文学作者数量保持持续增长，同时,也吸引着越来越多的普通人投身网络文学创作，为网络文学行业源源不断地提供新鲜血液。

二、中国网络文学作者后浪推前浪，年轻人不断进入网文领域

网络文学发展环境日趋成熟，网络文学作者大量涌现。在2018年网络文学作者中，男性作者比例略高，占比56.6%，女性作者占比43.4%。

表5-3　2018年中国网络文学作者性别分布

作者性别	占比（%）
男性作者	56.6
女性作者	43.4

（数据来源：网络文学企业联合调研）

而在作者的年龄分布中,“90后”及“00后”作者的占比过半，达50.6%，越来越多的年轻人投入写作，队伍年轻化趋势明显。“90后”的年轻作者相较于“70后”“80后”，更了解当代年轻人的心理状态与生活状态，因此也会写出更加贴近现实与年轻读者的作品，引发读者共鸣。

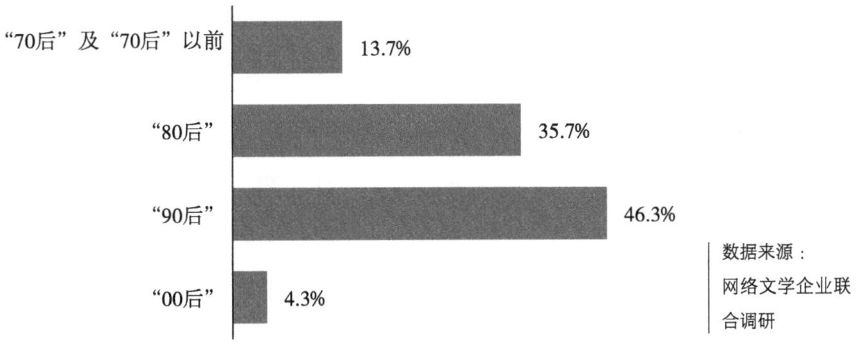

图 5-8 2018 年中国网络文学作者年龄分布

三、中国网络文学作者具备一定学历背景，主要分布在新一线城市和三线及以下城市

学历分布上，网络文学作者普遍拥有一定的学历背景，学历集中在大学本科和大学专科，其中拥有大学本科学历的作者比例最高，为35.8%。这种分布情况也与网络文学作者群体的年轻化密不可分。

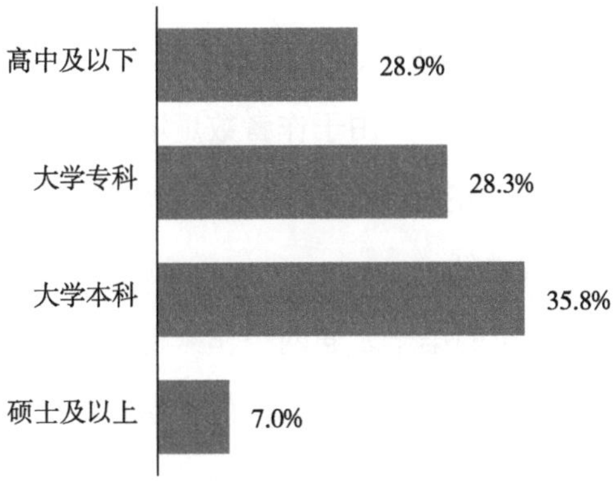

图 5-9 2018 年中国网络文学作者学历分布

地域分布上，17.3% 的网络文学作者生活在北上广深等一线城市，新一线城市、二线城市、三线及以下城市的作者比例分别为23.3%、21.4% 与 38.0%，各级城市人才辈出。相较于工作繁忙、生活节奏快的一线城市，

成都、重庆、杭州、武汉、苏州、西安等新一线城市和三线及以下城市的网络文学作者分布更多。这主要是与重庆、杭州等新一线城市开始响应国家号召，大力发展网络文化产业有关。此外，三线及以下城市消费水平低、生活压力小的特点也让其作者的数量占比更高。

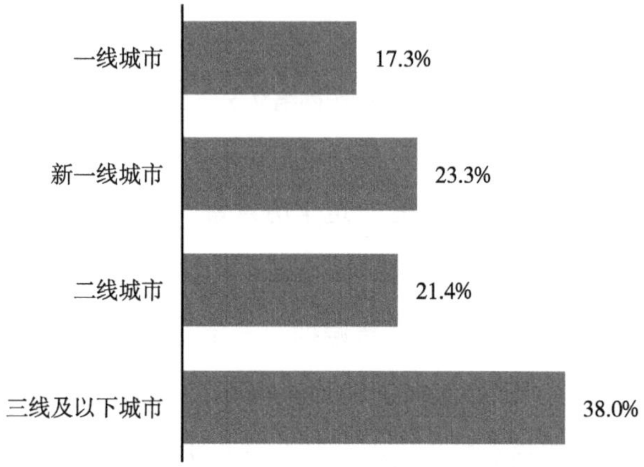

图 5-10　2018 年中国网络文学作者地域分布

四、中国网络文学新作者收入低，头部作者收入持续增长

在目前的网络文学作者中，由于作者数量增长快，新加入的兼职作者较多，月收入高于5000元的作者占比仅为15.4%，超过半数的网络文学作者月收入只有2000元或更低。

中国作家富豪榜发布的第十二届网络作家榜，也向我们展示了网络作家们的实力和网络文学市场巨大的潜力。位于榜首的唐家三少，版税收入高达1.3亿元，排名第二的天蚕土豆的版税收入也超过1亿元，大部分上榜作家的版税收入持续增长，也证明作者群体得到了更多的认可和关注。

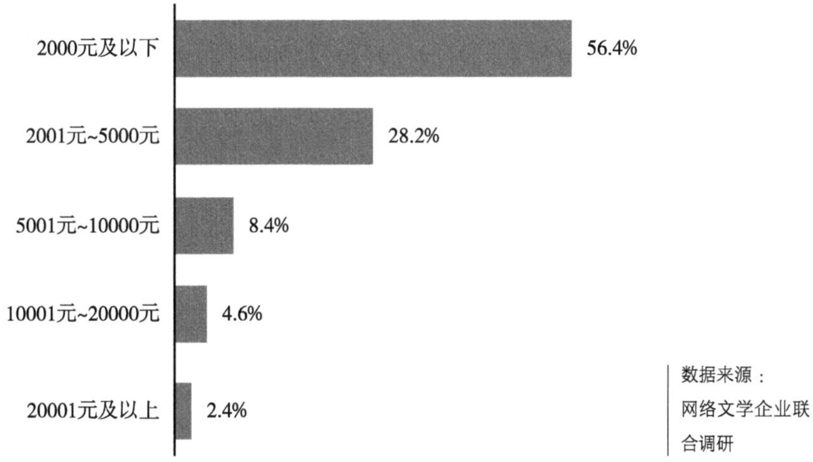

图 5-11　2018 年中国网络文学作者月收入分布

表5-4　2018年中国网络文学作家富豪榜前10名

排名	作家	版税（万元）	增长率（%）
1	唐家三少	13000	6.6
2	天蚕土豆	10500	75.0
3	无罪	6000	261.4
4	月关	5000	4.2
5	天使奥斯卡	4930	9.6
6	骷髅精灵	3900	-20.0
7	跳舞	3400	新上榜
8	柳下挥	2600	4.0
9	藤萍	2500	新上榜
10	何常在	2500	51.5

五、中国网络文学作者坚持创作，日均更新2495.3字

网络文学作者呈现出高度年轻化的特征，创作能力较强，且拥有旺盛的精力，为优秀作品的持续涌现提供了坚实的人才保障。如图5-12显示，

网络文学作者平均每日创作时长普遍在3小时以内，日均更新量2495.3字。

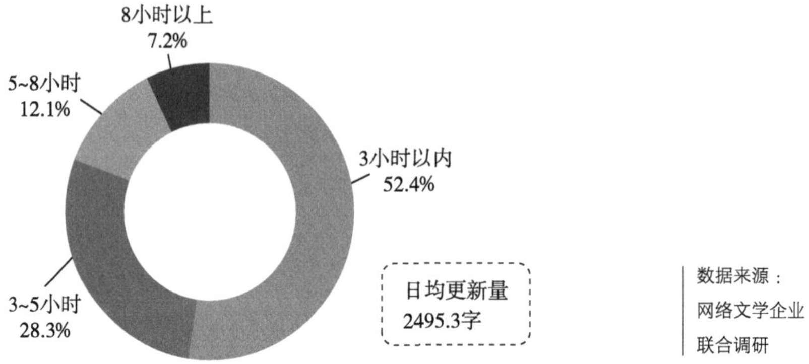

图 5-12 2018 年中国网络文学作者每日创作时长

此外，根据网络文学企业联合调研的数据，在2018年中国网络文学作者的笔龄分布方面，53.7%的作者笔龄在3年以下，46.3%的作者笔龄在3年以上。

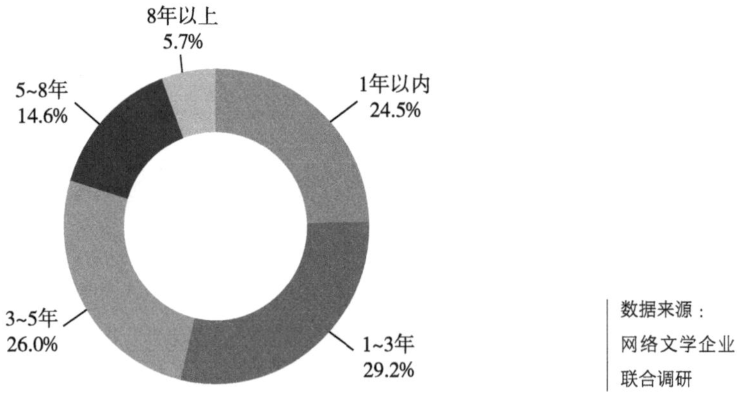

图 5-13 2018 年中国网络文学作者笔龄分布

由此可见，网络文学作者有一个共同特点，就是无论人生际遇如何曲折、环境如何变化，都始终秉持文学信念，不改初心、不言放弃。唯有始终专注文学，对文学坚定坚守，矢志不移地探索和前行的作者，才能在文学创作道路上走得更远。

六、中国网络文学作者青睐现实题材创作

在政策引导下，各网站高度重视现实题材创作，多家网站进行了现实题材作品征文等活动，鼓励现实题材创作。从2018年网络文学作者创作的题材偏好来看，现实题材创作受到网站、作者的普遍重视，数量日益增加。在性别方面，男性作者偏爱创作的题材是生活职场类，女性作者偏爱创作的题材则为都市言情类。在年龄方面，“70后”及“70后”以前的作者偏爱创作军事历史、武侠仙侠、侦探推理类，“80后”作者偏爱创作都市言情和灵异科幻类，“90后”作者偏爱玄幻奇幻、武侠仙侠、都市言情类，“00后”作者则偏向受众更年轻化的游戏竞技与二次元类。

此外，创作题材扎根现实与近年来现实题材网络小说发展日趋火热密不可分，唐家三少、酒徒等不少知名作家也纷纷从自己擅长的玄幻奇幻、架空小说等领域转投入现实题材网络文学创作。

表5-5 2018年中国网络文学作者创作题材偏好

作者分类		偏爱创作题材
按性别分	男	生活职场
	女	都市言情
按年龄段分	“70后”及“70后”以前	军事历史、武侠仙侠、侦探推理
	“80后”	都市言情、灵异科幻
	“90后”	玄幻奇幻、武侠仙侠、都市言情
	“00后”	游戏竞技、二次元

（数据来源：网络文学企业联合调研）

第三章

用户分析

一、网络文学用户规模达4.3亿人

2018年，中国网络文学用户规模达4.3亿人，较2017年末增加5000多万人，增长率为13.2%。此外，随着中国移动互联网的飞速发展，移动网民规模和普及率持续攀升，这同样表现在网络文学行业。移动网络文学用户规模从2015年的2.6亿人攀升到2018年的4.1亿人，通过移动终端来尽享网络文学带来的丰富故事及无限想象力，成功扩展整个阅读空间。

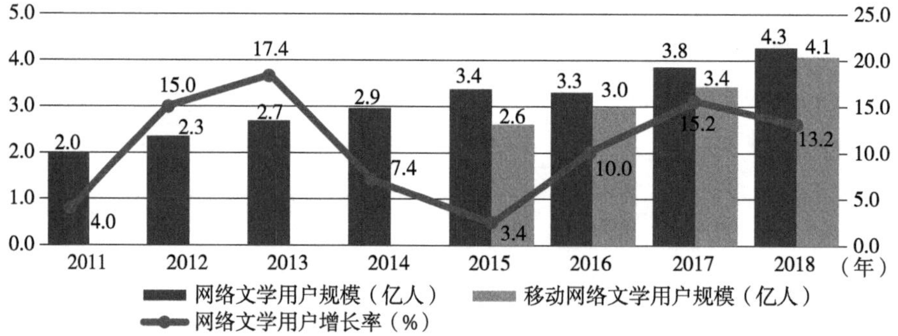

数据来源：

中国互联网络信息中心（CNNIC），第29次、第31次、第35次、第37次、第39次、第41次、第42次、第43次中国互联网络发展状况统计

图5-14 2011—2018年中国网络文学用户规模

随着阅读渠道及阅读场景的多元化，行业各方积极通过整合全场景整体流量布局、多维度聚拢流量及手机内置预装等方式不断挖掘更多用户，不断扩大网络文学的群体覆盖面，从而使得整体用户规模获取一定量的增长。此外，随着年轻用户的不断成长和崛起，逐渐演变为网络文学的读者群体，这为网络文学带来了一定的增长动力。

二、读者群体年轻化，近四成分布在三线及以下城市

网络文学读者中，55% 为男性，45% 为女性，男女比例较为平均。从网络文学读者年龄分布来看，30 岁以下的读者占比为59.7%，年轻群体成为网络文学读者的主要组成部分。

随着年轻群体的不断成长，阅读网络文学作品日渐成为他们日常休闲娱乐的主要方式，网络文学凭借着自身独特的艺术魅力在多年的发展过程中仍具吸引力，成功将年轻群体纳入自己的读者群体中，保证了自己的读者群体不断成长和年轻化。

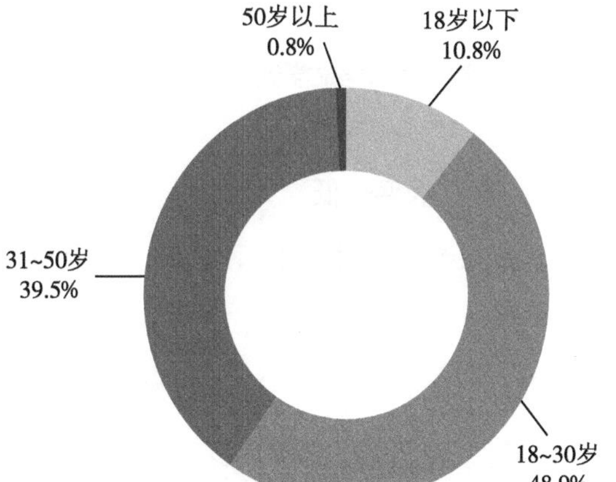

数据来源：
出版行政主管部门牵头的行业用户联合调研

图 5-15　2018 年中国网络文学读者年龄分布

从网络文学读者地域分布来看，37.7% 的读者分布在三线及以下城市，

而一线城市的读者占比为16.7%，新一线城市的读者占比为24.2%，二线城市的读者占比为21.4%。

整体来看，网络文学读者中来自三线及以下城市的群体较多，这说明网络文学群体有很大一部分处在下沉市场，随着最近下沉市场多元开发的日渐火热，网络文学也应当抓住这个机遇，从各个角度深入挖掘整个下沉市场，为行业的发展带来新的动力。

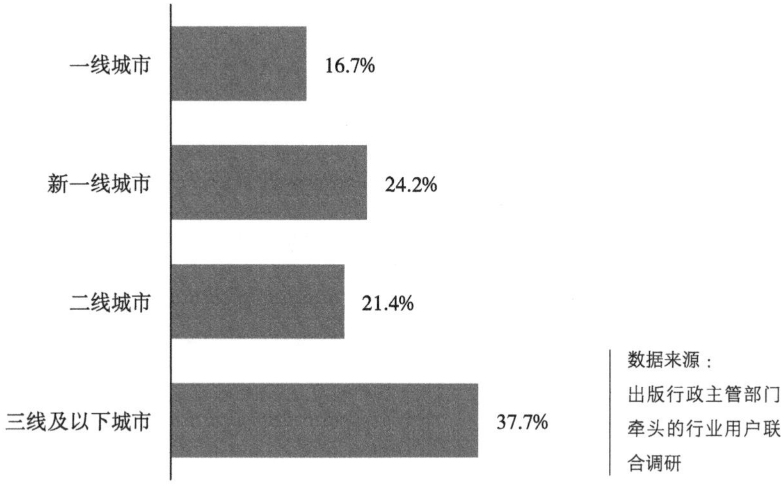

图 5-16　2018 年中国网络文学读者地域分布

三、学生群体占比过半，收入水平较低

从网络文学读者学历分布来看，高中及以下学历占比为53.1%，可见学生是阅读网络文学的主力军。

受年龄结构的影响，网络文学读者群体中近半数为在校学生。学生群体正处在对世界充满好奇的阶段，而网络文学自身所蕴含的内容价值能够充分满足学生群体的阅读需求，天马行空的想象力给他们打开了更广阔的世界，能够在增长见识的同时培养自身的奇思妙想。

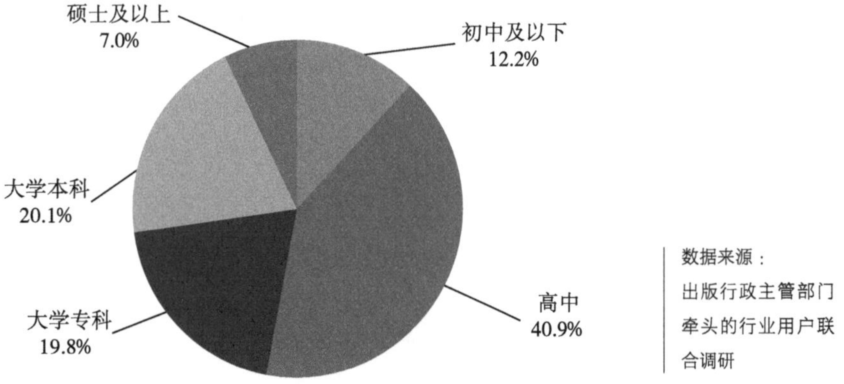

图 5-17　2018 年中国网络文学读者学历分布

从网络文学读者人均月收入分布来看，66% 的网络文学读者人均月收入分布在5000元以下，整体收入水平较低。

四、平均阅龄7.9年，读者阅读黏性较高

从网络文学读者阅龄来看，77.2% 的网络文学读者阅读网文超过5年。网络文学已经成为众多读者日常生活中必不可少的一种方式，其自身独特的故事属性对读者产生极强的吸引力，使读者能持续深入阅读各种各样题材的网络文学作品。

网络文学已经走过20年的发展历程，在这个过程中积攒了众多的忠实用户群体，使网络文学拥有一定量且稳定的用户基础，多数读者阅龄相当高，对网络文学有着深刻的热爱之情。

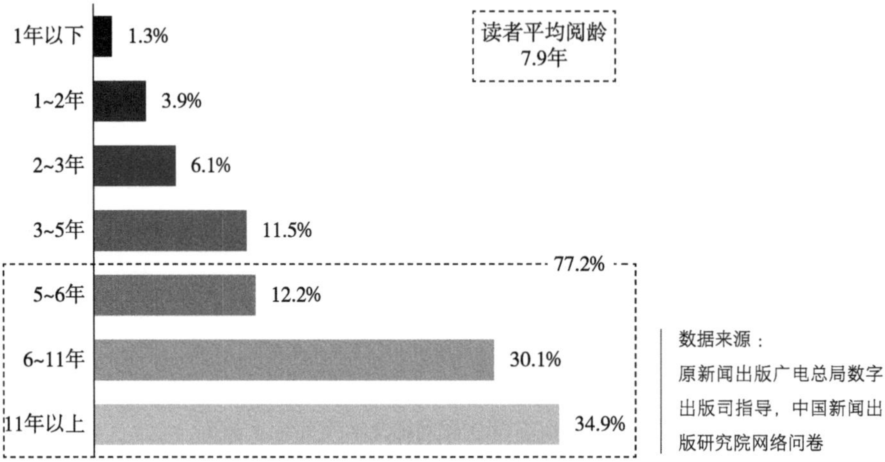

图 5-18　2018 年中国网络文学读者阅龄分布

从网络文学读者平均每次阅读时长来看，近半数读者平均每次阅读时长在1~3小时之内，整体阅读时长比较长。阅读本身就是一件比较沉浸式的行为且需要花费较长的时间才能完成，再加上网文自身的吸引力，读者常常沉浸其中不能自拔，这在一定程度上提高了网络文学读者的整体阅读黏性。

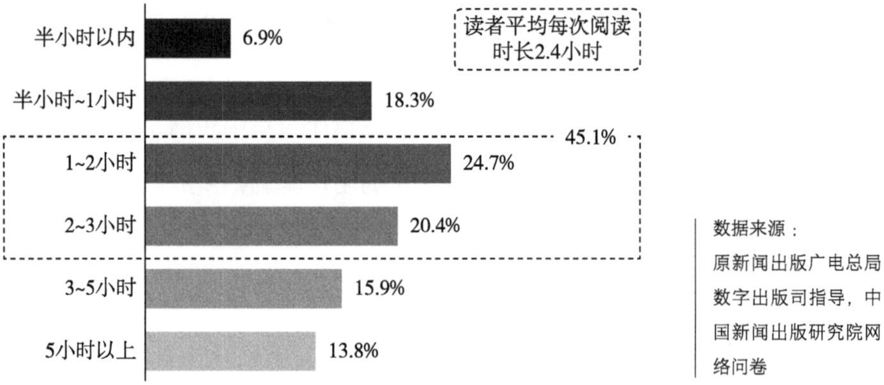

图 5-19　2018 年中国网络文学读者平均每次阅读时长分布

五、男性读者偏好连载网文，女性读者偏好完结小说

从网络文学读者连载或完结偏好来看，超半数的读者倾向于阅读连载

小说，这与网络文学独有的连载特质也相符合。从性别偏好来看，男性读者更爱好连载小说，而女性读者对完结小说情有独钟。

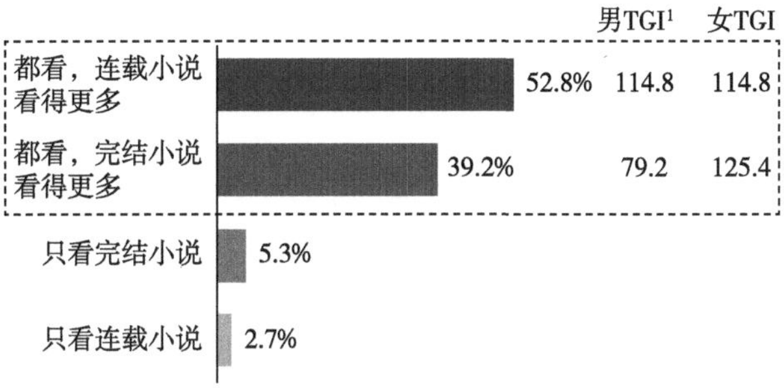

数据来源：
出版行政主管部门牵头的行业用户联合调研

图 5-20　2018 年中国网络文学读者阅读连载或完结小说偏好

网络文学作为以连载为特质的作品开始与传统文学日渐形成区别。由于连载的特殊性，能够使得作者在创作过程中及时与读者进行互动反馈，从而不断改善自己的作品创作，使得自己的作品能够受到更多读者的喜爱，积攒较高的人气。

六、偏好单章或单本购买，月均消费金额为 43.7 元

经过多年的发展，网络文学已经形成了自身独特的付费阅读模式，依据业务发展的不同，以多样化的付费方式来满足读者的不同需求，从而能够实现收入的不断增长。

从网络文学读者付费方式分布来看，43.6% 的读者偏爱单章或单本购买，这是读者最主要的付费阅读模式。此外，23.8% 的读者喜欢通过购买 VIP 的方式来进行全站小说阅读，20.8% 的读者会偏爱月票或打赏的模式来支持自己喜爱的作家或者作品。

1　TGI=（目标群体中具有某一特征的群体所占比例 / 总体中具有相同特征的群体所占比例）× 标准数100。可反映目标群体在特定研究范围内的强势或弱势。

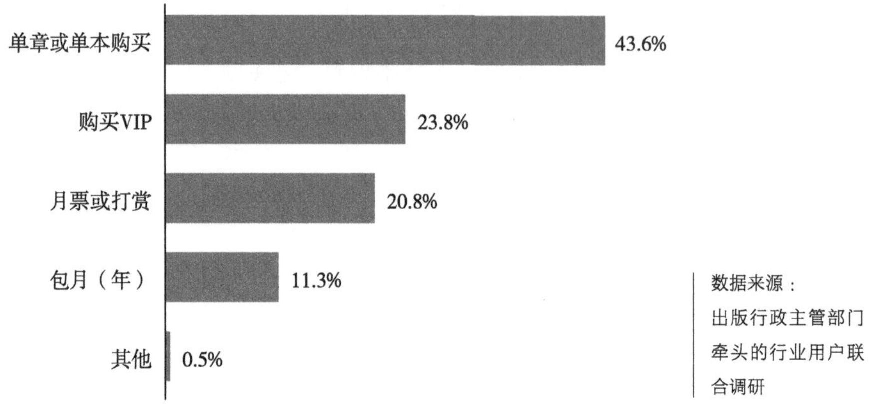

图 5-21 2018 年中国网络文学读者付费方式分布

从网络文学读者月均付费金额分布来看，付费网络文学读者月均消费金额为43.7元，整体付费金额水平较高。

网络文学读者中的付费用户通常对网络文学作品有着较高的喜爱度，并将阅读网络文学作品作为自己日常的一种娱乐方式，在遇到自己想要阅读的内容或者想要支持自己喜爱的作者或作品时，常常会很自然地产生付费行为，并且消费金额会比较高。

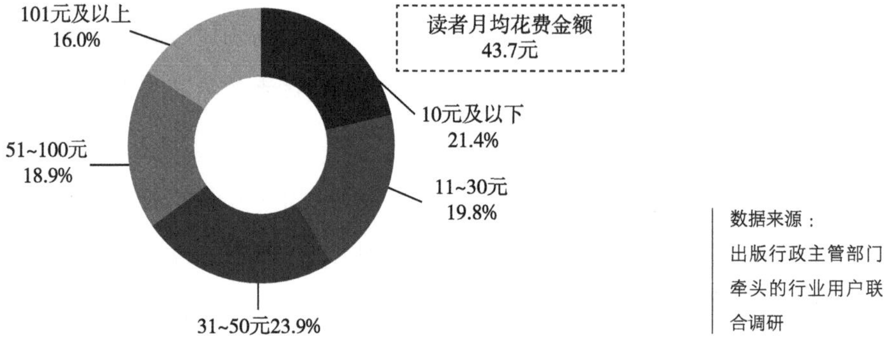

图 5-22 2018 年中国网络文学读者月均付费金额分布

七、读者高度关注IP改编，衍生消费意愿强

近年来，网络文学IP改编异常火热，深受读者群体关注。从网络文

学读者IP衍生消费关注度来看，83.3% 以上的网文读者会关注IP衍生消费，其中改编影视剧、动漫和主题衍生音乐成为读者最为关注的IP衍生产品。

网络文学处在整个泛娱乐产业的最上游，凭借着其丰富的内容储备资源无时无刻不为整个产业链输送内容和故事，通过网络文学IP将影视、游戏、动漫等不同内容形式串联起来，以多元化的表现形式及开发方式满足不同用户的个性化需求，促使泛娱乐生态链上各环节产生联动效应，持续扩大IP影响力。

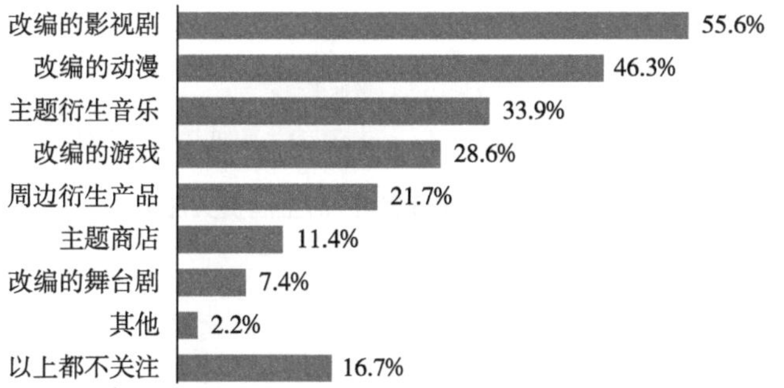

数据来源：出版行政主管部门牵头的行业用户联合调研

图 5-23　2018 年中国网络文学读者 IP 衍生消费关注度

在关注IP衍生消费的网络文学读者中，80% 以上的读者愿意为网络文学IP衍生内容或产品付费，其中改编影视剧、改编动漫、主题衍生音乐、改编游戏的消费意愿都比较高。此外，女性读者为改编舞台剧和周边衍生产品消费的意愿更加显著。

网文IP用户一般具有很强的忠诚度及黏性，因此其鲜明的属性及行为特征能够使得IP的各种内容表现形式都有一定的用户基础和转化率依据，从而放大网络文学作品及其衍生品的作用，并产生较高的经济附加值。

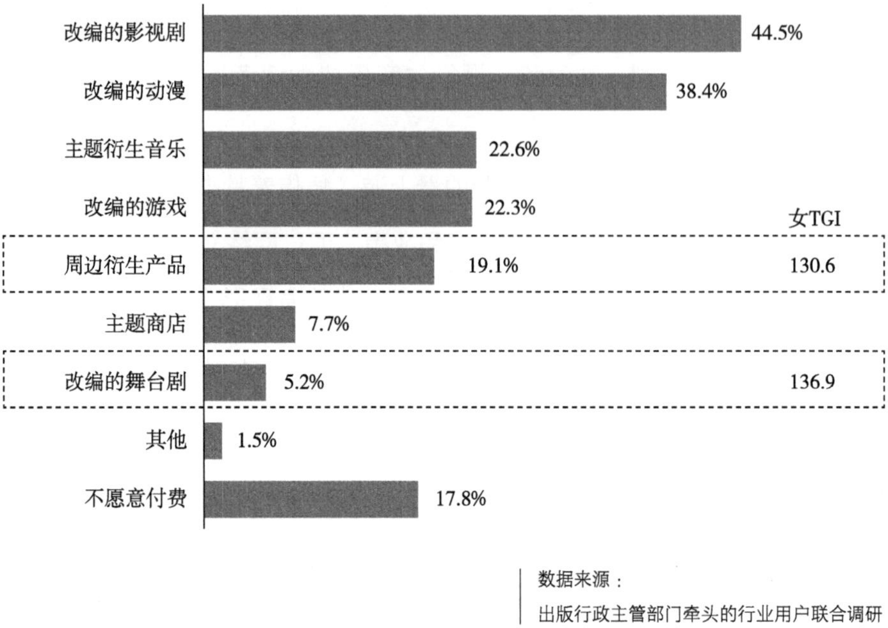

图 5-24 2018 年中国网络文学读者 IP 衍生消费关注度

第四章

产业发展情况

一、市场规模：网络文学市场规模稳步扩大

在党和国家的指引下，出版行政主管部门统筹各方，积极引导和培育阅读市场，不断提升网络文学自身的创新性和生命力。

2018年，网络文学市场规模总计达159.3亿元，较2017年同比增长23.3%，保持稳步增长状态。随着产业的进一步发展，无论是在内容输出、衍生品开发还是版权保护等层面都取得了长足发展，并且通过整个行业的跨界融合整合各方资源，不断推动自身业务优化升级，从而带动行业持续健康发展。

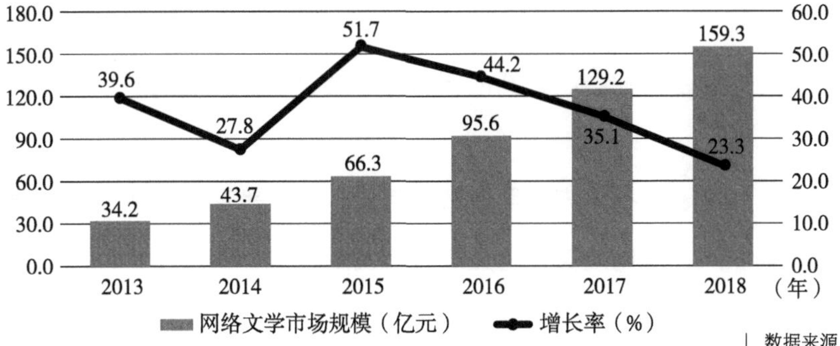

数据来源：网络文学企业联合调研，网络文学企业访谈以及网络文学企业公开财报

图 5-25 2013—2018年中国网络文学市场规模

网络文学行业经过多年的发展，日渐形成了符合自身业务特点的商业模式，并依托这种商业模式，不断推动行业整体规模的持续扩大。从2013年网络文学市场规模仅为34.2亿元，到2018年整个行业的市场规模已经达到了159.3亿元，行业整体取得了长足的发展。首先，付费阅读模式的成功建构成为众多网络文学企业做大做强的经济基石，通过读者付费阅读的模式能够有效维系阅读平台、网络文学作者与网络文学作品之间的循环关系，推动内容源源不断地生产从而充分满足读者的阅读需求。其次，随着政府对于网络文学盗版现象的严厉打击，很多盗版网站被关停或者转向正版化，读者也日渐形成阅读正版内容的习惯，大量的盗版收入转为正版的付费阅读收入，这更为整个网络文学正版化起到重要的推动作用。此外，网络文学衍生市场体现出的强大实力也为整个行业的发展注入新的动力，整个行业的跨界融合趋势更加明显，投资收购影视、动漫等公司，与相关娱乐公司达成深度战略合作，从而有效推动版权业务收入的快速增长。

二、收入结构：版权收入占比明显提升

2018年，网络文学企业收入仍以订阅为主，占比达85.3%；其次为版权收入，占比提升明显，达11.1%。随着网络文学IP改编的深化发展，版权收入将成为企业主营业务收入新的增长点，为整个行业的发展带来新的机遇。

订阅收入：主要包括用户按照章节、包月、包年等形式付费浏览优质内容及打赏等收入，是网络文学行业的核心商业模式。2018年，订阅收入实现了20.1%的增长，达到了135.9亿元。

版权收入：指网络文学企业通过向阅读服务提供商、影视制作公司、游戏研发公司以买断或分成的方式提供文学作品的版权或改编权等从而获取的收入。2018年版权总收入为17.68亿元，版权收入取得大幅增长。

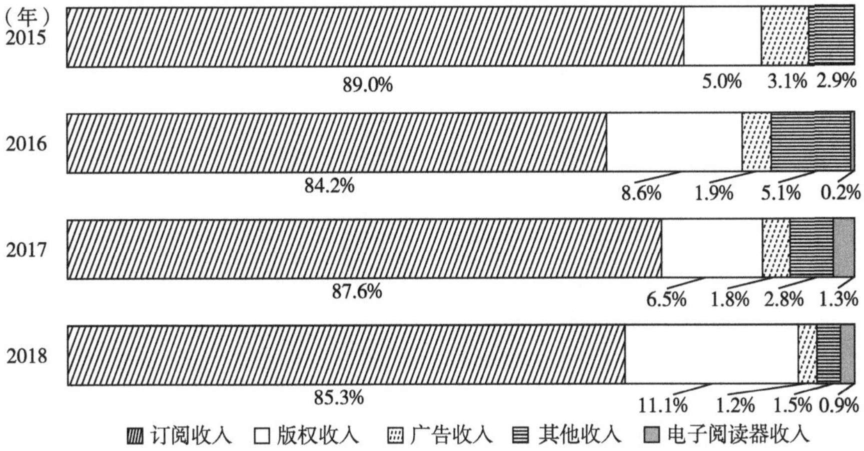

数据来源：
网络文学企业联合调研，网络文学企业访谈以及网络文学企业公开财报

图5-26 2015—2018年中国网络文学行业营收结构

广告收入：指凭借平台的大规模用户和流量，广告主在阅读平台上发布广告而贡献收入。一般来说，互联网企业、游戏企业等广告主更愿意选择阅读平台发布广告。2018年网络文学行业的广告收入为2.3亿元。

电子阅读器收入：通过销售电子阅读器而获得的收入。根据本次调研，2018年电子阅读器收入达1.43亿元。随着信息技术的不断发展，电子阅读器也更加智能化和多功能化，会提供给读者更加优质的用户体验。

三、商业模式：免费阅读模式异军突起

随着互联网广告逐渐被认可，广告系统不断完善，流量广告逐渐成为互联网广告的主流，移动互联网的发展更刺激了互联网广告的个性化投放。在此背景下，免费阅读产品开始异军突起，免费阅读App在网络文学移动端前10位中占4席。

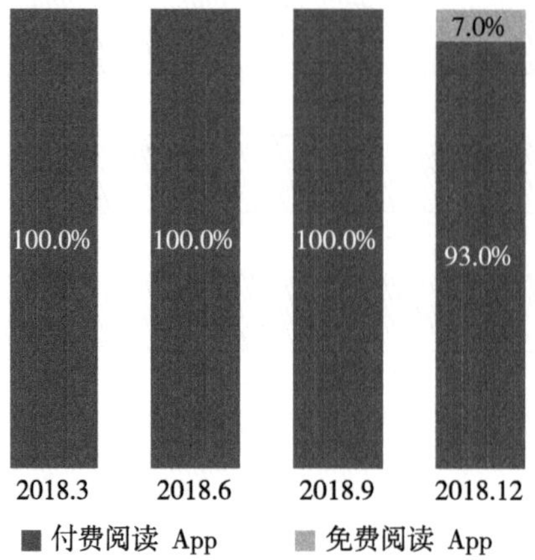

数据来源：根据公开资料整理所得

图 5-27　2018 年付费阅读 App 与免费阅读 App 使用情况

免费阅读的商业模式是阅读平台上的内容免费提供给读者，读者可以选择有广告，也可以购买VIP跳过广告。免费阅读模式是目前付费阅读模式的有益补充，瞄准对价格敏感但能接受阅读页面有广告的用户。免费阅读模式有利于提高整个网络文学内容库的整体投资回报率，能够产生更好的用户终身价值。在订阅模式下，很多不同作品之间的阅读量并非均匀分布，许多作品上架较短时间后便无法产生明确的收入。将这些作品加入免费阅读渠道能够给予它们再次亮相的机会，并从广告主处获取收入。免费阅读模式将有助于提高现有版权的变现能力，并且能够增加服务的用户群体。因此，在整体市场表现中，免费阅读模式开始影响整个行业格局，成功占据用户的使用时长。

但是，根植于免费模式下的网络文学作品可能会存在对作品把关不严，大量的长尾内容易产生作品三俗等问题。此外，免费模式依托的是广告作为自身业务发展的支撑点，在阅读界面出现大量的广告有可能会对用户体验造成不良影响。整个免费阅读模式现在仍在发展探索过程中，需要行业各方探索出可行的发展模式。

四、技术发展：技术促进业务高效运作

随着国家信息化建设脚步的加快，网络产业呈现繁荣发展的局面。同时，前沿科技不断探索，如AR、VR、大数据、AI、区块链等技术进步，不断推动阅读方式、内容生产和互动方式的升级，网络文学行业发展更加智能化。随着信息技术的快速迭代更新，数字阅读产业技术经历了数字化、移动化、智能化的发展，技术发展方向更加多元化，更加看重用户体验。

从内容审核层面来看，对于庞大的作品内容库来说，利用人工智能语言处理技术识别黄色垃圾文本，能够大幅提高审核效率和准确率，从而能够有效避免网络文学作品三俗的问题，为整个行业的发展营造健康的内容环境。

面对花样不断翻新的盗版，必须提高治理盗版的技术能力。因此，各种基于防盗版的新技术手段随之出现，目前利用自然语言处理（NLP）及人工智能技术鉴定抄袭，能够有效识别作品被抄袭情况，合理维护作品的相关权益。

在信息安全层面，引入市场先进的语义分析接口及实名验证机制，维护整个业务信息的安全。在产品服务稳定层面，实现服务器虚拟化，各服务端全面实现接口化，致力于为读者提供更加优质的服务。

此外，《移动阅读电子书格式标准》等行业标准的发布，能够促进行业之间业务高效运作，提升协同效率。在阅读体验上，阅读App上线护眼技术在为读者提供阅读服务的同时也能够提供人性化的保护功能，电子阅读器也不断发展，日渐实现读、写、听一体，将多种功能汇集一身，实现产品功能的智能化。

由大数据衍生而出的智能推荐有效地解决了海量的内容储备与精准定位用户喜好差异的供需矛盾，通过建设数据仓库、实时计算、BI系统等，实现数据驱动运营“千人千面”的内容定制功能，降低了信息过载带来的阅读效率损耗及信息反应能力减弱等情况。

第六篇

2017年

中国网络文学发展报告

第一章
作品分析

一、中国网络文学作品，精品力作不断涌现

在2015年之前，关于网络文学作品规模没有明确的统计，自2015年后，网络文学作品的累计规模逐年递增，从2015年的1168万部到2016年的1413.1万部，增长了21.0%。截至2017年，各类网络文学作品总量超过1600万部，已累计达到近1647万部，较2016年又新增了近234万部，同比增长16.5%。其中，签约作品达132.7万部，签约作品占比达到8.1%。年新增签约作品22万部。

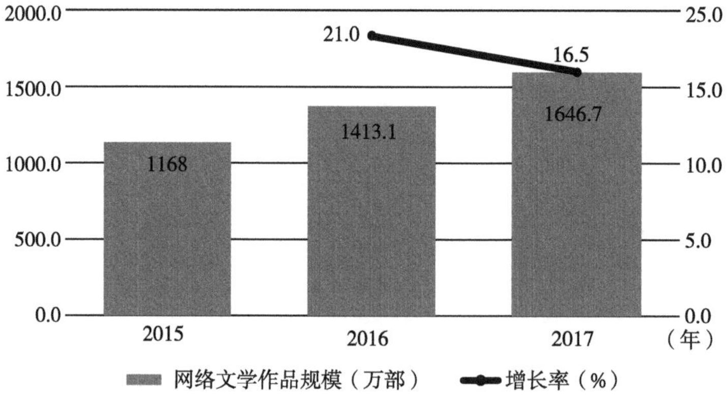

数据来源：
网络文学企业联合调研

图6-1　2015—2017年中国网络文学作品规模

中国网络文学作品规模增长的动力主要来自于作者群体的扩大，以及作品题材的创新和扩充。大量的现实题材和专业题材精品力作不断涌现，形成良性竞争机制，逐步淘汰千篇一律的机械化生产、快餐式的作品。与此同时，更多适合年轻群体的新锐作品开始脱颖而出。

伴随着庞大的内容规模，网络文学精品力作也不断涌现，比如描写20世纪60—90年代3个上海童年好友生存状况的《繁花》；讲述出身猎户家庭的孩子经过一段段的因缘巧合、异于常人的磨炼，成长为一名英雄战士的传奇故事《遍地狼烟》；以网络创业为主题，被称为“中国首部移动互联网+创业实操手册”，体现创业家精神及独特际遇的励志小说《网络英雄传》；全景展现改革开放20年中国经济生活，被誉为“描写改革开放30年的第一小说”《大江东去》。此类现实题材网络文学作品斩获多项重量级文学奖项，包括茅盾文学奖、中国出版政府奖、“五个一工程”奖等，也反映出广大网络文学作者走向“高原”，再攀“高峰”的巨大努力。

表6-1 反映时代的精品力作

小说名称	获得奖项
《繁花》	第九届茅盾文学奖
《遍地狼烟》	第二届中国出版政府奖
《网络英雄传I：艾尔斯巨岩之约》	第四届中国出版政府奖
《大江东去》	中宣部第十一届“五个一工程”奖

（数据来源：网络文学企业联合调研）

二、中国网络原创作品题材扎根人民，谱写时代，现实题材占比提高

从作品的题材分布来看，在国内主流网络文学平台上，现实题材（以当代的现实社会为背景，描写真实生活中的情节、展现现实矛盾的小说，

部分故事情节中可以加入少量幻想类情节。小说类型包括都市职场、体育竞技、商业题材、青春校园、军事历史、悬疑推理这几大类）作品的数量占比超过半数，达到了52.5%。

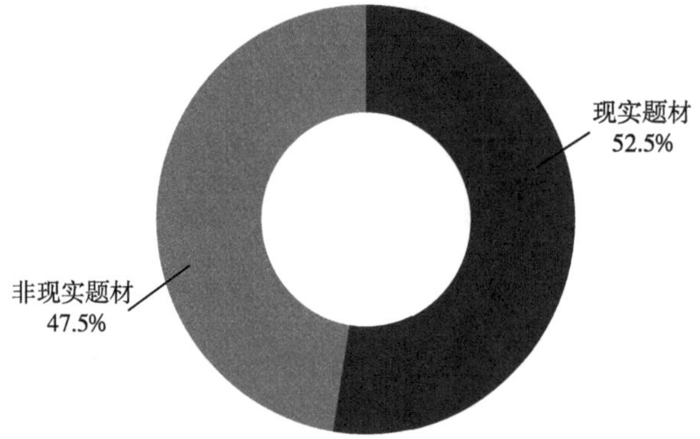

数据来源：
原国家新闻出版广电总局“2017年优秀网络文学原创作品”推介活动，《2017年度中国数字阅读白皮书》

图6-2　2017年网络文学原创作品题材数量占比

现实题材与幻想题材相比，具有写实、可读性强、代入性强等特点，扎根人民，谱写时代，更容易令读者产生共鸣。

而在现实题材数量占比中，都市职场类题材的网络文学原创作品以69.6%的高占比位居第一位，远远高于排名第二、第三位，占比分别为13.3%和8.7%的体育竞技类题材与商业题材，这也表明都市职场类现实题材以能反映日常生活，较容易被改编等特点最受网络文学作者青睐。

在2017年优秀网络文学推介作品方面，基于现实的励志类作品占比也位居第一，达到了37.0%。这些作品扎根人民、扎根现实，题材涉及国企改革、当代医者、基层法官等，内容质量和主题格调明显提升，社会效益显著。

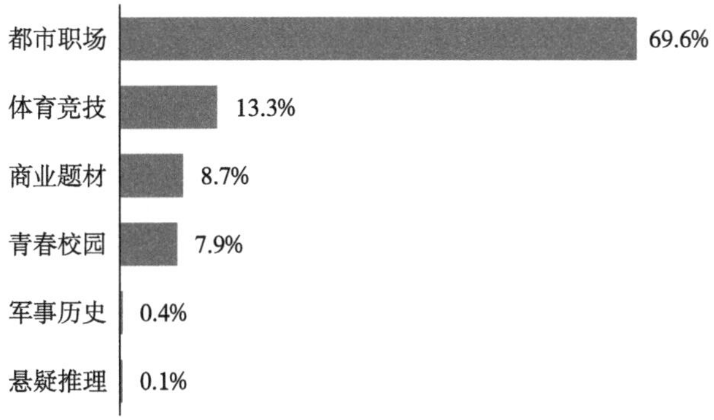

数据来源：
原国家新闻出版广电总局“2017 年优秀网络文学原创作品”推介活动，《2017 年度中国数字阅读白皮书》

图 6-3　2017 年中国网络文学现实题材数量占比

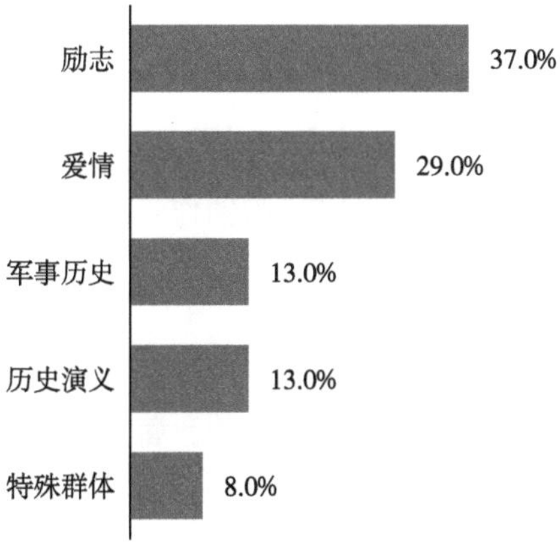

数据来源：
原国家新闻出版广电总局“2017 年优秀网络文学原创作品”推介活动，《2017 年度中国数字阅读白皮书》

图 6-4　2017 年中国优秀网络文学推介作品内容主题情况

三、中国网络文学作品凝心聚力，厚积薄发，创作周期有所延长

根据网络文学企业联合调研，截至2017年，完结的网络文学作品的平均篇幅集中在31万~80万字，其中超过30万字的完结作品占比达到69%；此外，在网络文学完结的作品中，超过六成的完结作品平均创作时间超过一年，创作周期有所延长。与短篇作品相比，长篇作品会拥有长期稳定的读者，有稳定的阅读量和收入，而读者的“催更”也使得作者的更新频率加快，间接增加了作者的创作篇幅，延长了创作周期。

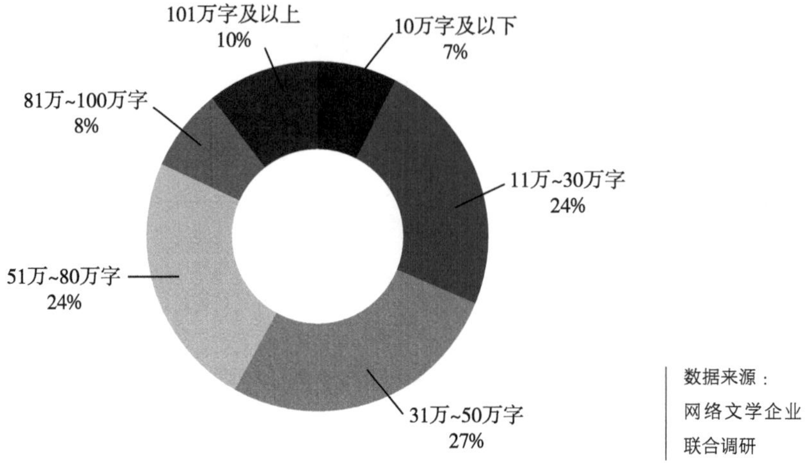

图 6-5　截至 2017 年中国完结的网络文学作品平均篇幅

较长的作品篇幅需要长时间的构思和持之以恒的创作，其中超六成的完结网络文学作品平均创作时间超过一年。可以看到，大部分网络文学作品是作者长期投入、厚积薄发的结晶，尤其是优秀的网络文学精品，必然是作者笃定恒心、倾注心血，用心思、下功夫创作出的。每部精品都经过长时间的构思和酝酿，体现了思想性、艺术性、可读性相统一，感染力很强，赢得了读者口碑和市场认可。正是网络文学作者秉持孜孜以求、精益求精的精神，才能打造出更多的优秀网络文学作品。

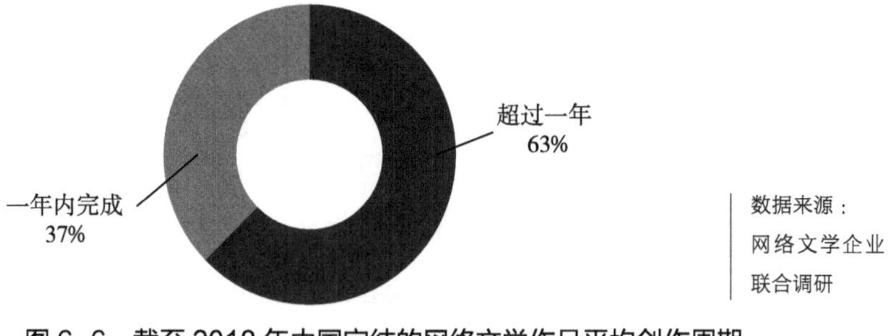

图 6-6　截至 2018 年中国完结的网络文学作品平均创作周期

四、中国网络文学IP多态联动，持续发酵，IP改编赋能文娱产业

网络文学处在整个泛娱乐产业的最上游，凭借着其丰富的内容储备资源无时无刻不在为整个产业链输送内容和故事。网络文学IP开发是其影响力、辐射力增强的重要途径。近年来，以网络文学为核心，影视、游戏、动漫等多业态联动发展模式的逐步成熟，通过网络文学IP将影视、游戏、动漫等不同内容形式串联起来，以多元化的表现方式及开发方式满足不同用户的个性化需求，促使泛娱乐生态链上各环节产生联动效应，让网络文学IP的价值发挥到最大。网络文学作为重要的IP源头，在整个文化娱乐产业中发挥的延展力与影响力日益凸显。

截至2017年12月，中国网络文学作品改编成纸质图书出版的达到6942部，其中网络文学《明朝那些事儿》改编成纸质图书受到大众喜爱。

在改编影视剧方面，从最初的网络文学IP改编电视剧或者电影，到后来的网络剧、网络大电影等，网络文学IP现已成为影视剧本的最大来源，改编电影累计达到1195部，改编电视剧达到1232部。影视剧作为细致反映作品世界观和人物成长的大众文艺形态，是网络文学作品改编的重要路径。网络文学改编电影《盗墓笔记》上映时获得了超10亿元的票房，网络文学改编电视剧《欢乐颂》获得了第三十一届中国电视剧飞天奖与现实题材优秀电视剧大奖，每次电视剧播出时，微博上的话题讨论量都达到高峰。这也可以看出，网络文学改编影视剧受到了大众肯定。

截至2017年12月，中国网络文学作品改编游戏累计达到605部，游戏行业高速发展，大量的网络文学因为得天独厚的内容优势被改编成游戏，IP概念备受追捧。一方面，网络文学较长的更新周期能够支撑游戏的后续更新，延长游戏寿命；另一方面，影游相互联动能够极大挖掘用户价值，全产业链相互借力，提升IP效应。2015年，随着电视剧《花千骨》热播，同期上线的电视剧女主角赵丽颖代言的移动游戏《花千骨》通过影游联动模式取得了巨大成功，游戏的月流水高达2亿元。

在改编动漫方面，网络文学IP改编动漫历程已久，极大地丰富了动漫作品的内容表现形式。截至2017年12月，网络文学改编动漫（TV连载动画片及动画大电影）达到712部。阅文旗下《择天记》《斗破苍穹》《全职高手》等多部网络文学改编动画与漫画均获得了成功，其中《斗破苍穹》在网络平台的播放量更是突破10亿次。从目前发展来看，网络文学IP改编动漫会因术业有专攻而由多方协同参与，共同开发，后期凭借凝聚的作品人气进行下游的衍生开发，全维度考量进行IP开发。面向年轻群体的二次元改编迅猛发展，IP改编衍生产业加速融合。

表6-2 截至2017年中国网络文学作品累计改编数量

改编类型	累计改编数量（部）
纸质出版物	6942
电影	1195
电视剧	1232
游戏	605
动漫	712

（数据来源：原国家新闻出版广电总局数字出版司综合国内45家主要网络文学网站）

近年来，中国的文艺事业快速发展，电影、电视剧、游戏、动漫等文艺内容的开发和运营均高度依赖内容创意。而网络文学作品的原创性，为其改编成引人入胜的电视连续剧、网络剧或动漫产品提供了优越条件。网络文学因此成为文化消费内容的创意源头，成为影视、动漫、游戏题材的最重要的IP支撑和品牌支撑，跨界的影游联动改编代表了网络文学行业未来的发展方向，影游联动也将反向推动文学作品的质量提升，不断吸引更多作者创作优质精品。

五、中国网络文学作品创新创作一路繁花

网络文学作品自1998—2017年的近20年间一路繁花。1998年的《第一次的亲密接触》开启了网络文学出版的先河；2004年，现代修真题材小说《升龙道》首发，其作者血红成为首位年入百万的网络文学作者；2005年后，网络文学开始尝试IP改编，《小兵传奇》作为首款网文改编的游戏正式上线；2007年，由北京完美时空网络技术有限公司根据萧鼎所著同名仙侠小说改编开发的角色扮演类网络游戏《诛仙》成功运营，成为网络文学改编游戏成功运营的先例，后又发行了《诛仙2》，其系列最新作品为《诛仙3》；2011年，《遍地狼烟》作为网络文学作品首次获得了我国新闻出版领域的最高奖项中国出版政府奖；自2015年开始，网络文学IP概念开始引爆，IP衍生改编作品开始增多，《盗墓笔记》《花千骨》等网络文学开始全版权衍生，网络文学改编影视、动漫、游戏逐渐进入公众视野；自2017年开始，各大网络文学核心企业开始布局二次元，网络文学IP改编动画增多，代表作品《斗破苍穹》点击量突破10亿次，深受书迷与动漫迷的青睐，原创网络文学的题材也逐渐从玄幻奇幻类独大回归到现实类与玄幻奇幻类并列的局面。

表6-3　中国网络文学作品发展轨迹

年份（年）	发展	代表作品
1998	开启网络文学出版的先河	《第一次的亲密接触》
2004	首位年入百万的网络文学作者诞生	《升龙道》
2005	首款网文改编游戏上线	《小兵传奇》
2007	首例网文改编游戏成功运营	《诛仙》
2011	首次获中国出版政府奖	《遍地狼烟》
2015	网络文学IP概念引爆	《盗墓笔记》《花千骨》
2017	IP改编动画增多，题材从玄幻奇幻类回归现实类与玄幻奇幻类并列	《斗破苍穹》《拥抱谎言拥抱你》

第二章 作者分析

作者是创作的源头，是作品价值观的核心输出方，作者的规模和质量体现了网络文学创作的力量与态势。国家对网络文学的引导鼓励政策和对网络文学平台企业的扶持举措，使网络文学作者的智慧产出开始得到尊重，点击付费与内容改编等收入不断提高，明星作者的示范效应吸引了大批有志向、有情怀的年轻作者投身到网络文学创作中。

一、中国网络文学作者阵营壮大，签约作者数量激增

近两年来，网络文学作者阵营逐渐壮大，数量保持了较高速的增长。此外，网络文学作者与平台的合作意愿也逐步加强，创作并与网络文学平台签约的作者数量激增。

从图6-7中可以看到，中国网络文学平台注册作者从2015年的848万人增加到2016年的1325万人，同比增长了56.3%。截至2017年，国内45家重点网络文学平台的注册作者已达到1400万人，其中，签约作者数量达68万人，同比增长10万人。

在网络文学签约作者状态中，能靠网络文学维持生计的全职作者的比例达到47%，也表明网络文学行业在响应国家号召，帮助推动大众创业方面做出了较大贡献。

网络文学行业的稳步发展、近几年网络文学IP衍生市场所爆发出的强

大实力及网络文学作者收入的提高，也吸引着越来越多的人愿意尝试网络文学创作，积极投身网络文学行业，与此同时，作者数量的不断增长为网络文学行业内容供给奠定了坚实基础。

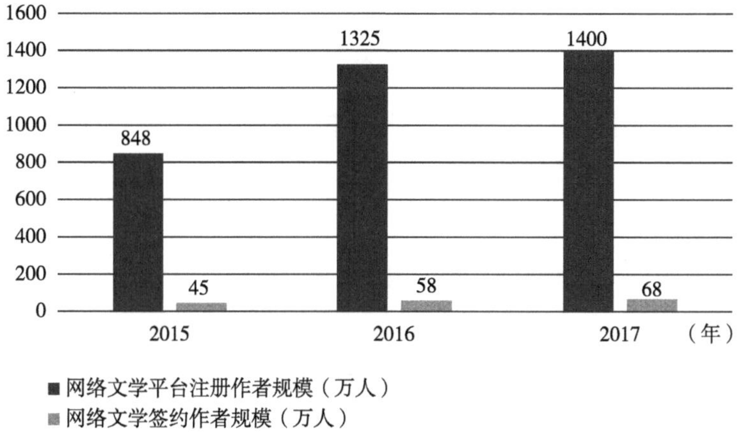

数据来源：原国家新闻出版广电总局数字出版司

图 6-7　2015—2017 年中国网络文学平台注册作者和签约作者规模

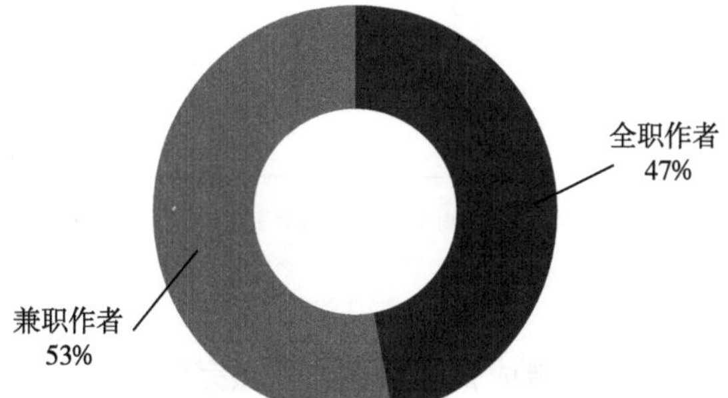

数据来源：原国家新闻出版广电总局数字出版司

图 6-8　2017 年中国网络文学全职、兼职签约作者占比

二、中国网络文学读者创作意愿强，网络文学助力大众创业

在网络文学签约作者中，超七成网络文学读者有尝试写作并成为网文作者的愿望。读者创作意愿强，说明网络文学在很大程度上增加了人们选择就业或创业的余地，进一步助力了大众创业。

数据显示，在性别方面，男性读者较女性读者“非常想尝试”和“条件允许会积极尝试”网络文学创作的比例更高，达到71.8%。在年龄方面，以30岁为分水岭，30岁以下年轻读者尝试写作，并且愿意转化为创作者的意愿更为强烈。30岁以上的读者尝试写作的意愿明显降低，对于50岁以上的读者来说，超六成已不想再去尝试创作。

网络文学在很大程度上帮助改善了创新创业环境，增加了人们选择就业或创业的空间，进一步推动了大众创业，在支撑经济和社会发展中的作用日趋凸显。

表6-4　中国网络文学读者尝试写作意愿占比

读者分类		非常想尝试（%）	条件允许会积极尝试（%）	不想尝试（%）
按性别分	男	33.2	38.6	28.2
	女	45.5	25.6	28.9
按年龄段分	18岁以下	28.4	53.8	17.8
	18~30岁	34.0	43.0	23.0
	31~50岁	22.9	32.7	44.4
	50岁以上	16.4	21.7	61.9

（数据来源：原新闻出版广电总局数字出版司指导，中国新闻出版研究院网络问卷）

三、中国网络文学作者成长模式更加成熟完善

网络文学作者从开始尝试创作到逐渐成长，历经5个阶段。

第一阶段，作者开始对写作产生兴趣，凭借自身意愿尝试参与到网络文学写作中；到了第二阶段，在网络文学写作平台注册成为网络文学作者，正式驻站写作；第三阶段，作者已经在签约的网络文学平台持续更新了一段时间并且有了少数粉丝，开始考虑与平台签约成为兼职作者，每月获得固定的保底收入；第四阶段，作者的写作收入已经能完全支撑日常消

费，开始与网络文学平台进一步签约，成为全职作者，完全靠写作自食其力；到了最后的第五阶段，已经有稳定收入的作者，开始寻求自主创业与创新，建立个人工作室。

图 6-9　中国网络文学作者成长模式

四、中国网络文学作者主要聚集东部，城市中创作人才辈出

2017年，从地域分布上看，网络文学作者主要聚集在东部人口稠密的经济发达地区，城市中人才辈出。

根据网络文学联合调研，有13.8%的网络文学作者生活在北上广深一线城市，在二线、三线及以下城市居住比例则分别为34.8%、51.4%。从人口比例上看，一线城市每一万人中有267位网络文学作者，二线城市每一万人中有133位网络文学作者，三线及以下城市每一万人中有75位网络文学作者。

在所有省份中，广东省的网络文学作者比例最高，达到11.3%，其次是占比7.5%的江苏省和占比6.8%的山东省。

二线、三线及以下城市相较于一线城市，消费水平较低，生活压力较小。因此，相比一线城市，网络文学作者更多集中于二线、三线及以下城市，但是需要指出的是，就人口比例而言，在人口数量较少的一线城市，每一万人中出现网络文学作者的比例最大。一线城市文学创作氛围较为浓厚，IP改编生态完备，而且相关政策举措较为健全，对区域性网络文学的特色化发展发挥了有力的指导和推进作用。这种做法值得二线、三线及以下城市学习借鉴，以进一步优化各地网络文学作者的创作环境。

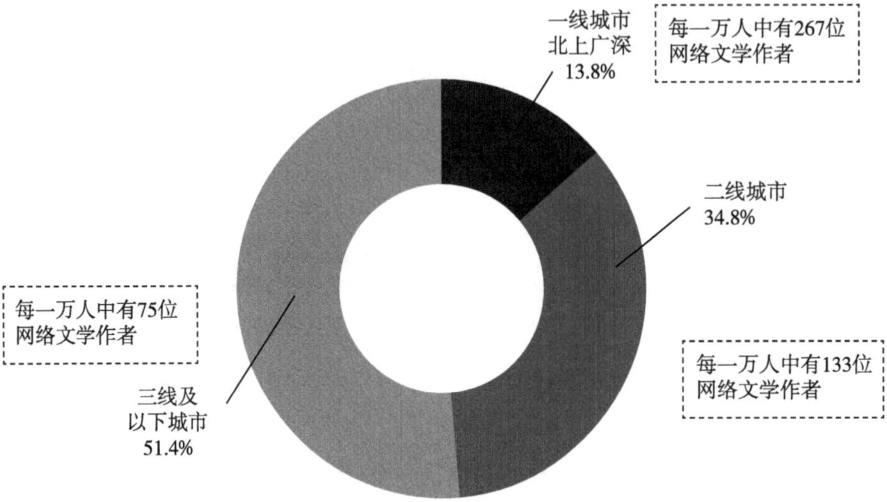

图 6-10 2017 年中国网络文学作者地域分布

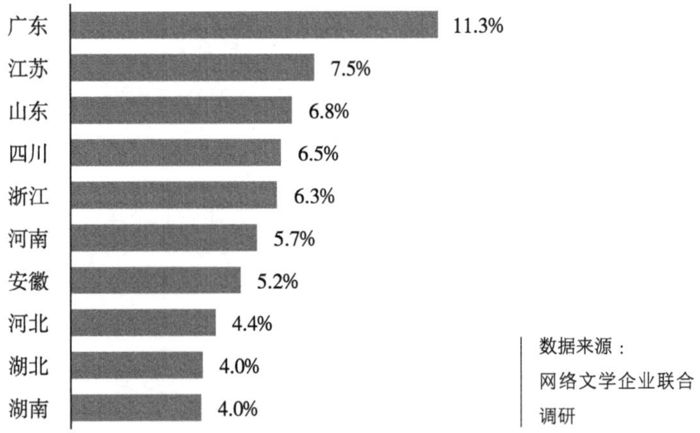

图 6-11 2017 年中国网络文学作者省份分布

五、中国网络文学作者年龄区间跨度较大，五成作者笔龄超过3年

从年龄分布上看，随着用户的不断年轻化，在网络文学作者的年龄分布方面，长江后浪推前浪，越来越多的年轻人开始加入了网络文学写作。网络文学作者年龄跨度区间较大，但整体呈现年轻化趋势。

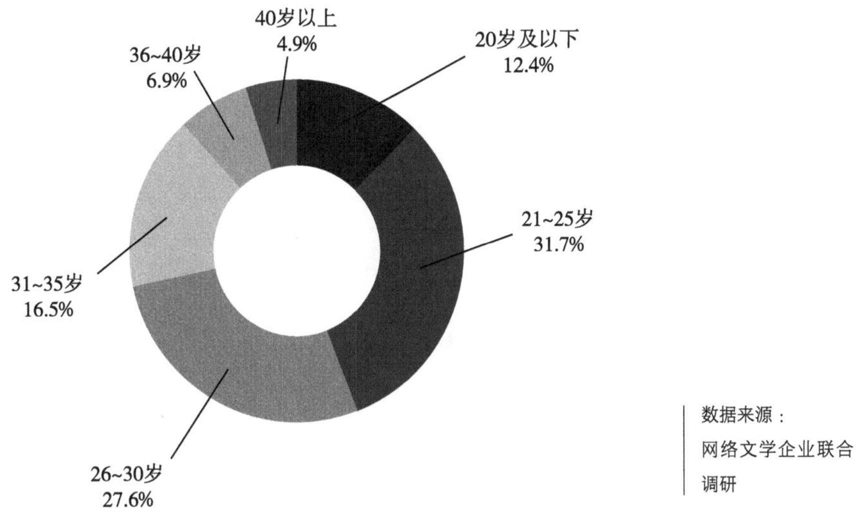

图 6-12　2017 年中国网络文学作者年龄分布

其中，30岁以下的创作者占比超七成，达到71.7%。特别值得注意的是，20岁以下的新一代创作者群体正在崛起，占比已经达到12.4%，“90后”“95后”的作者已经逐渐成为主流。尤其“90后”已经成为网络文学创作的中坚力量，网络文学的未来在年轻人，之后的市场主流也将会以现有持续创作的作家为主。

整体而言，网络文学作者呈现出高度年轻化的特征，创作精力旺盛，创作能力强劲，为优秀作品持续涌现提供了坚实的人才保障。随着这批作者年龄和阅历的增长，其在选题立意和创作技巧方面的能力将持续提升。

此外，在2017年中国网络文学作者的笔龄分布方面，五成作者的笔龄超过3年。

根据网络文学企业联合调研的数据，笔龄达到3年以上的网络文学作者占比为53.1%，其中笔龄已有5~8年的资深作者占18.2%，笔龄8~10年的网络文学作者占6.2%，从开始写作至今已10年以上的作者占3.1%。

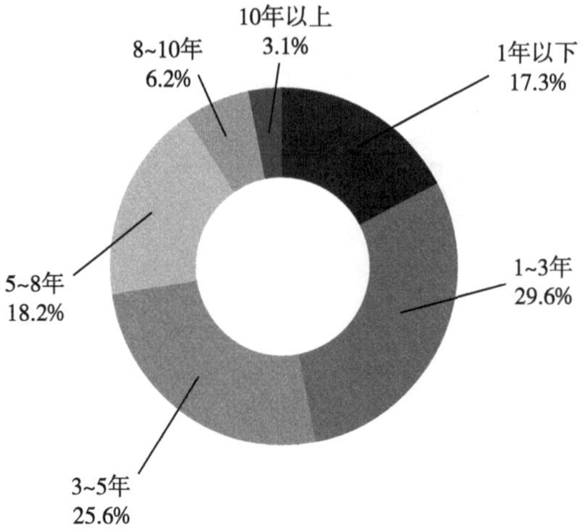

数据来源：网络文学企业联合调研

图 6-13　2017 年中国网络文学作者笔龄分布

六、中国网络文学创作题材扎根现实，30 岁成为创作偏好的分水岭

在网络文学作者选取的创作题材方面，2017 年网络文学作者的创作题材扎根现实，30 岁成为创作偏好的分水岭。

从2017年作者主要创作题材偏好来看，现实题材占比日益扩大，现代言情、都市职场等贴合现实风貌的题材在全年龄层作者中的创作题材中占据了较大比例。在性别方面，男性作者偏爱创作的题材是玄幻奇幻类，占比达到21.0%；女性作者偏爱创作的题材则为现代言情类，占比达到32.3%。在年龄方面，30 岁成为网络文学作者创作偏好的分水岭，30 岁以下的网络文学作者更偏好现代言情，而30 岁以上的网络文学作者则更愿意创作都市职场等内容。

创作题材扎根现实，与近年来现实题材网络小说发展日趋火热密不可分。现实题材网络文学独有的生活感和代入感，容易让读者产生更多共鸣，以其自身的独特性广受读者的青睐。

表6-5　2017年中国网络文学作者创作题材偏好

作者分类		偏爱创作题材	占比（%）
按性别分	男	玄幻奇幻	21.0
	女	现代言情	32.3
按年龄段分	30岁以下	现代言情	19.2
	30岁以上	都市职场	18.7

（数据来源：艾瑞咨询，网络文学企业联合调研）

七、中国网络文学作者收入稳定向好，半数跻身中等收入群体

近年来，中国网络文学作者的创作收入稳定向好，半数跻身中等收入群体。

2017年抽样数据显示，有51.2%的作者月收入达到5000元以上，超过半数。其中月收入达到5001~10000元的中等收入群体占比最高，为33.1%。

在作者收入变化方面，有44.2%的作者表示从开始写作到现在收入呈现上升趋势，其中24.9%的作者的收入一直在稳定上升，另有19.3%的作者表示虽然收入的波动比较大，但总体而言还是在上升。

从整体结构上看，网络文学作者收入分布从早期以大神级作者为塔尖的金字塔结构，正在快速转向以骨干作者为主体的橄榄形结构，中等收入群体正在不断壮大。这说明网络文学作者群体的整体创作质量得到了显著提升，得到了读者认可。同时这也得益于企业平台利用人工智能算法，将海量作品进行了更有效率的推送和分发，从而扩大了长尾作品的辐射范围与读者的阅读选择。另外，国家版权保护力度不断加大，持续推动网络文学读者的付费水平显著提升，也是促进网络文学作者收入水平提高的重要原因。

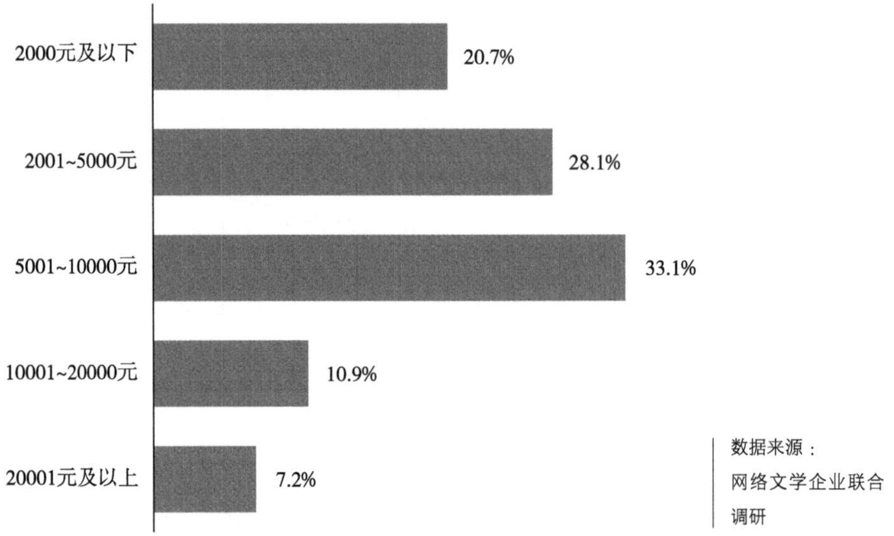

图 6-14　2017 年中国网络文学作者月收入分布

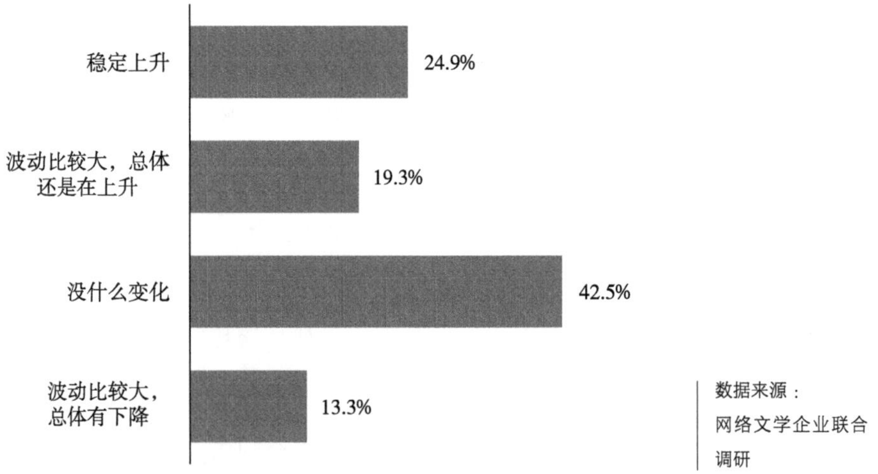

图 6-15　2017 年中国网络文学作者收入变化

八、中国网络文学作者与平台关系密不可分

网络文学作者与网络平台的关系密不可分。网络文学核心企业阅文、咪咕阅读、中文在线、阿里文学、掌阅科技等相关平台在培养作者方面做

了很多努力。阅文通过培养体系，打造明星作家；咪咕阅读与掌阅科技以网络文学赛事发掘潜力作家，设百万奖金吸引网络文学作者；中文在线联手“作家摇篮”——鲁迅文学院培训作家；阿里文学举办首届作者年会，赋能作者打造爆款IP。而作者与平台相互提携，也可以联手孵化出更多的优质作品。

（一）合作模式

现在网络文学平台与作者之间有分成、保底、买断、代理4种主要合作模式。

分成是指作者和平台各自按照协定的一定比例分成；保底是指签约作者每月正常交付稿件，就会获得平台给予的保底稿酬；买断是指平台按“千字/元”的标准支付稿酬，买断作者作品的全版权或部分权益；代理则是指网络文学作者创作的作品部分版权为作者持有，平台负责代理对外销售。

图6-16　网络文学平台与作者的合作模式

（二）签约模式

网络文学平台与作者的签约模式，也经历了3次演变。最初签约模式只有单一的平台与作者签约，后来演变为签约作者笔下某一部具体作品，最终到与大神作者的整个工作室签约。

从中也可以看出，在这个演变过程中，作者能逐步参与到自己作品的改编中。

图6-17　网络文学平台与作者的签约模式

（三）选择平台考虑因素

创作者在选择平台的考虑因素方面，普遍最看重的是平台的读者量，占比超八成，达到81.9%；其次是给作品的曝光及推荐机会与平台的知名度，占比分别为72.9%与64.7%。

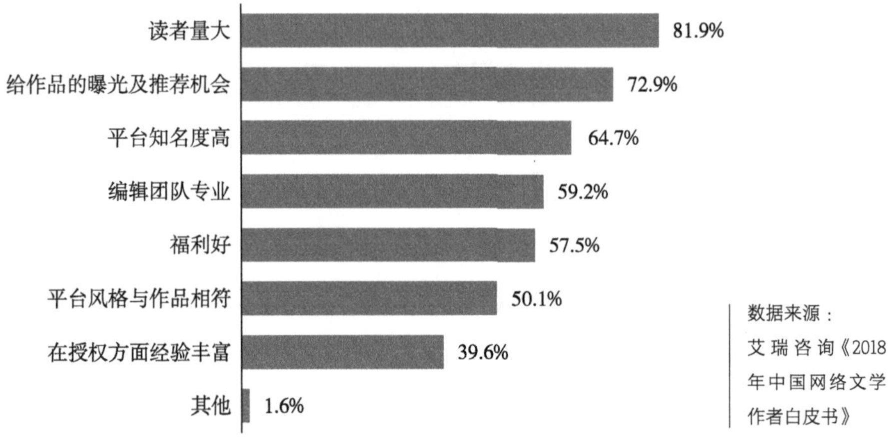

图 6–18 2017 年中国网络文学作者选择平台考虑因素

伴随作者对写作高质量的追求与企业精品意识的提升，作者与企业联手，通过对写作题材的把关、内容质量的强化及创作培训与激励，将进一步推动行业良性健康发展。

（四）获得服务

2017年，网络文学作者通过平台获得了多种服务，有写作指导、提供作者间交流机会、帮助宣传作者、推荐作者作品的版权、为作者做好粉丝管理、为作者提供作品出版服务等。

根据艾瑞咨询《2018年中国网络文学作者白皮书》的数据，其中超过半数的作者表示现在的写作平台会向他们提供写作指导，占比最高，达到了53.2%，这也表明平台非常注重对作者的培养。此外，为作者提供相互交流机会占比达到了45.7%，宣传作者达到42.6%，进一步帮助作者成长。

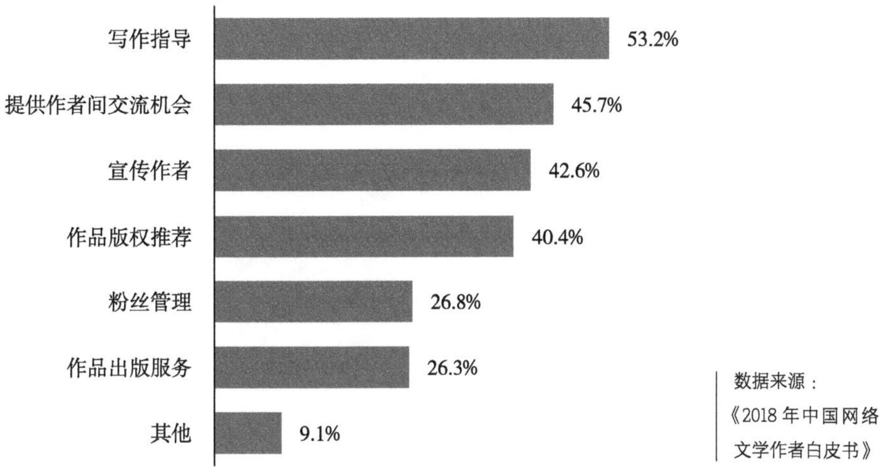

图 6-19 2017 年中国网络文学作者所获得的服务

第三章 用户分析

一、中国网络文学用户规模已经突破4亿人

网络文学用户规模已经突破4亿人，用户规模保持高速增长。截至2018年6月，中国网络文学用户规模达4.1亿人，较2017年末增加近3000万人，网民渗透率达50.6%，与2017年相比，用户规模增长7.9%。近年来，伴随着信息技术的不断发展及产业链的扩展延伸，网络文学用户规模都保持着较高的增长速度，越来越多的人成为网络文学的爱好者，徜徉在网络文学所蕴含的独特艺术魅力里。

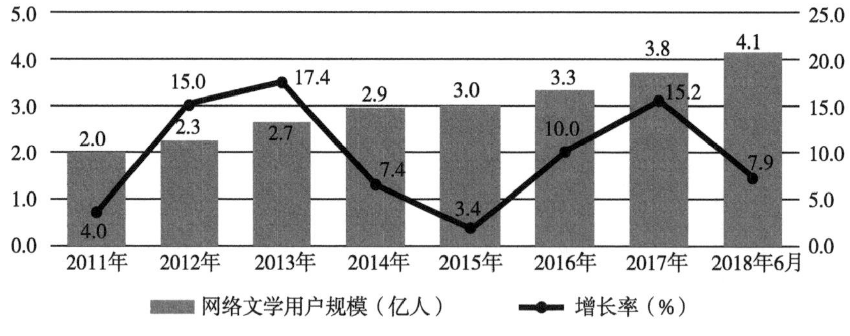

数据来源：
中国互联网络信息中心（CNNIC），第29次、第31次、第35次、第37次、第39次、第41次、第42次中国互联网络发展状况统计

图6-20 2011—2018年6月中国网络文学用户规模

中国网络文学在精品作品创作、IP品牌建设和作者培养培优上都大有精进，越来越多的优质内容供读者挑选，种类繁多的IP产品更好地满足了读者多元化的需求，完善而合理的作者培养体系为网文创作持续输入后续力量等，吸引了一大批新读者。而凭借碎片化阅读的优势，网络文学读者体量进一步增长。过去5年，中国移动互联网发展速度领先世界，移动网民规模和普及率持续攀升，建立起完整丰富的移动互联生态体系和便利的技术环境，移动终端和App拓展了数字内容在碎片时间和空间的消费机会，网络文学的消费时空得到全新维度的拓展。同时，移动支付的普及更是给读者为正版网络文学作品付费提供了便捷的通道；而移动视频、移动漫画、移动游戏等数字产品形态的加速普及，扩大了网络文学IP的知名度，培育了新的读者群体。

二、中国网络文学读者群体相对年轻化，30 岁以下占比超七成

从网络文学读者年龄分布来看，30 岁以下的读者仍然是网络文学的主要受众群体，占比超过七成。其中，18~30 岁的读者占比最高，为54.9%；其次是31~50 岁的读者，占比为23.2%。总体来看，读者相对年轻化，网络文学阅读行为在年轻群体中蔚然成风。

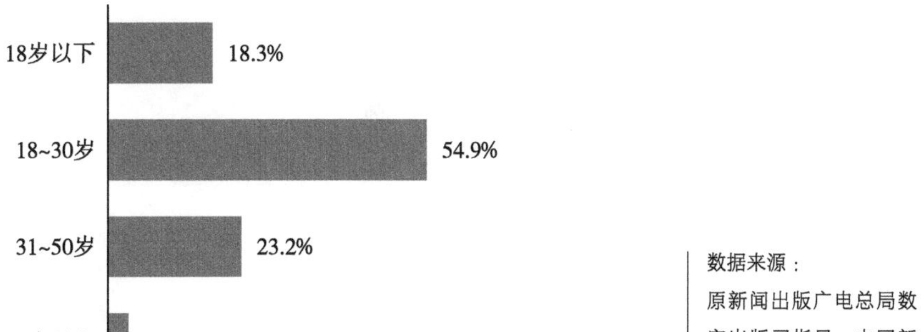

图 6–21　2017 年中国网络文学读者年龄分布

随着“80后”一代人从而立之年迈入不惑之年，其社会责任感和参与感不断提升，对网络文学作品的品质将提出更高要求，同时也将更加关注现实题材作品。内容蕴含深刻生活哲理、反映社会真实状况等内容可能更符合“80后”读者的需求。此外，随着社会的不断发展，“90后”特别是“95后”日渐成为网络文学的核心读者群体，其阅读偏好和审美志趣将对网络文学的创作题材走向产生重要影响，作者创作可能会更加考虑这类核心读者的阅读需求，不断创新内容题材。特别是“90后”对游戏、动漫、电竞等有着天然的亲近感，也对此类内容有着强烈的喜爱感和好奇心，这将带动“二次元”“游戏文”“电竞文”等新型题材的创作，不断丰富网络文学作品种类，满足不同人群的差异化需求，更好地为全民阅读服务。

三、中国网络文学读者地域分布较均匀，覆盖面广泛

从网络文学读者地域分布来看，其中20.3%的读者生活在一线城市，24.7%的读者生活在二线城市，27.3%的读者生活在三线城市。读者在不同地域之间分布较均匀，这也从侧面反映出网络文学内容接受度高，读者覆盖面广。

网络文学凭借自身先天的内容优势为大众喜闻乐见，丰富的题材类型

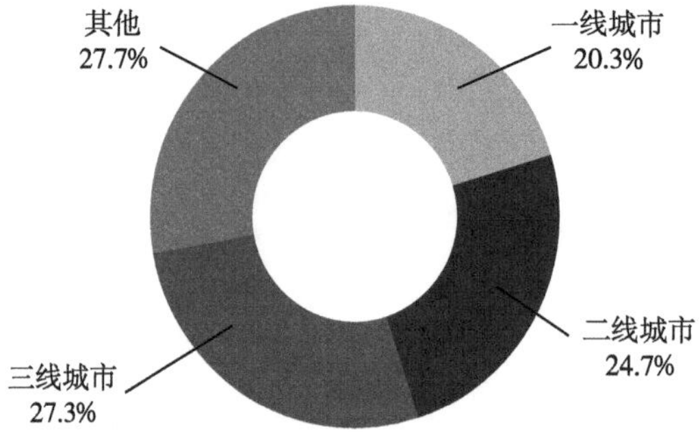

数据来源：
原新闻出版广电总局数字出版司指导，中国新闻出版研究院网络问卷

图 6-22　2017 年中国网络文学读者地域分布

为读者群体津津乐道，曲折离奇、天马行空的想象力使得读者沉浸其中，自身所蕴含的内容独创性和故事强大的吸引力为创作者凝聚了一大批忠实读者，是一种独特发展的文学样式。此外，网络文学作品具有通俗易懂性，能够以深入浅出的方式为广大读者提供精彩绝伦的故事，不需要高度专业和严谨的方式去解读，具有很高的受众接受度。长久以来，网络文学积累的庞大作品体量能够充分满足不同读者的细分差异需求，覆盖不同地域的读者阅读偏好。因此，网络文学拥有广泛的不同地域的读者群体，在发展壮大的同时不断扩充自身影响力。

四、中国网络文学读者具有较高学历水平，本科及以上占比62.3%

网络文学读者具有较高的学历水平，具有本科及以上学历的读者占比为62.3%。其中，本科学历读者占比为57.0%，硕士及以上学历读者占比为5.3%；而初、高中学历读者占比为35.4%。总地来说，网络文学读者的教育水平得到显著提升，一改以往低学历、低收入等刻板印象，读者普遍有较高的精神追求和审美志趣。

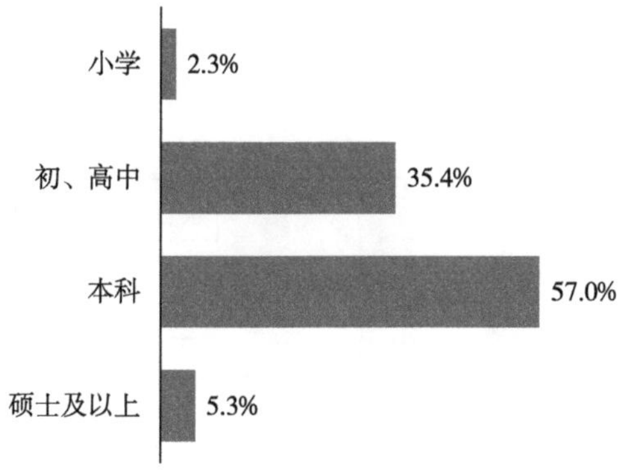

数据来源：
原新闻出版广电总局数字出版司指导，中国新闻出版研究院网络问卷

图 6–23　2017 年中国网络文学读者学历分布

在政策的引导和规范下，多数网络文学网站内部管理机制日渐成熟，

把关意识不断增强，一批以感悟和励志为叙事核心，关注社会、关注生活的作品不断推出，在丰富网络文学作品题材种类的同时也大大提升了网络文学作品的内容质量，更具有社会引导性和价值性。此外，不少作者善于从历史题材中汲取营养，积极传承和发扬传统文化，中华传统文化本身就是一个巨大的素材库，这类作品能够成为最直观、最贴近读者的优秀作品。总之，随着政策的监管和产业自身的不断发展完善，网络文学作品质量在不断提升，蕴含积极向上的价值追求和较高的艺术品位，更多的精品力作不断涌现，这从一定层面上能够吸引拥有较高审美志趣的人对网络文学产生阅读倾向，从而改善网络文学读者的学历结构，扩大高学历群体覆盖面。

五、中国网络文学读者平均阅龄为4.9年，阅读偏好持久

经过多年的发展，网络文学凭借着自身独特的内容优势积累了一批忠实的读者群体，对网络文学有着持久的阅读偏好。从阅龄分布来看，网络文学读者的平均阅龄为4.9年。其中，77.9%的读者阅龄在2年以上，6年以上阅龄的资深读者超过三成。网络文学读者群体普遍坚持度较高，对网络文学存在深厚的喜爱，这是一种偏好式的长久行为习惯。

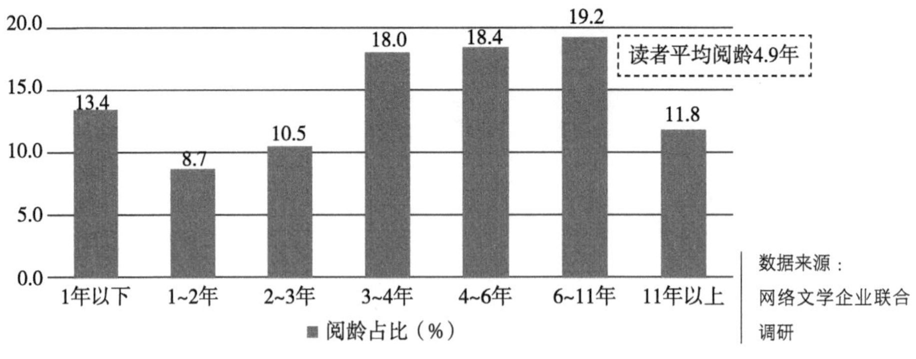

图 6-24 2017 年中国网络文学读者阅龄分布

网络文学自身的内容属性就有很强的吸引力，优秀的文字作品能够对人产生极大的影响，能够使人陶醉其中，产生长久的阅读兴趣，逐渐演变成自身不可分割的生活习惯，因此很多网络文学读者的阅龄都会比较长，具有很高的持续性。此外，网络文学独特商业机制的建立省去了原本隔在作者与读者之间的出版机制，使得读者能够以更直接的方式与作者建立一种平等对话的关系，并在友好的交流氛围中表明自己对作品的理解和期待，甚至影响作品的走向，这无疑会加深读者的身份认同感，通过志同道合的感情形成强有力的偏好效应，建构起深厚的阅读兴趣，从而凝聚一大批忠实的读者粉丝。

六、中国网络文学读者阅读时长稳步增长，日均达73.4分钟

阅读场景日趋多元化，读者愿意投入更多的时间进行阅读行为。从网络文学读者人均单日阅读投入时长情况来看，2015—2017年间，读者阅读时长稳步增长，从日均48.7分钟增长至73.4分钟。伴随网络文学作品数量的不断丰富，内容质量的优化提升，越来越多的读者愿意花更多的时间阅读网络文学作品，读者黏性逐年提升。

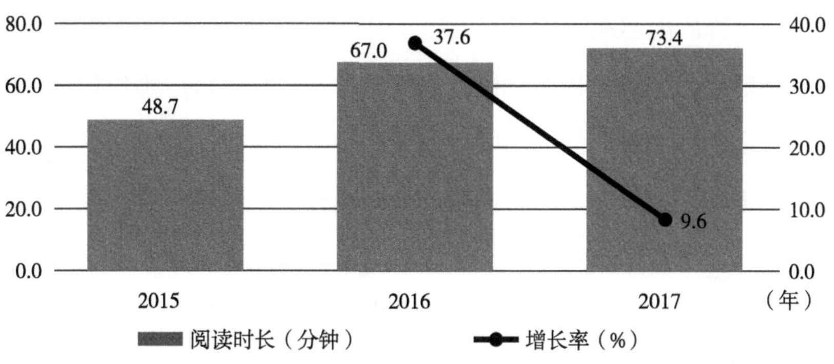

数据来源：
互联网数据资讯网

图 6-25 2015—2017 年中国网络文学读者人均单日阅读投入时长

随着信息技术的不断发展，移动终端普及率得到极大程度的推广，网络文学从网络端开始向移动端发展，并逐渐具备“随时拿起，随时放下”的文化消费特性，使得读者的阅读场景渗入到学习、工作、生活的各个碎片时间中，也同时渗入到晚间临睡前等休闲时段，极大程度地丰富了读者的阅读场景。将碎片时间汇总，从整体上看，读者在网络文学上的投入时间有明显增长，这一方面说明网络文学作品凭借较出色的思想性、艺术性和观赏性，吸引了读者的更多关注和喜爱，读者愿意在不同的场景下进行阅读来满足自身的精神文化需求；另一方面读者的阅读黏性不断提高也说明读者对网络文学作品有极高的阅读兴趣，乐于沉浸其中，这为网络文学行业长期可持续性发展奠定了基础。

七、中国网络文学读者不同群体题材偏好存在差异性

根据调研结果来看，网络文学读者题材偏好存在一定的差异性，这是由于读者自身文化背景、生活环境、社会阅历等不同造成的阅读偏好，每个人都有自己所偏爱的内容题材。

在性别层面，男性偏爱玄幻奇幻、仙侠武侠类，女性偏爱都市言情、穿越类，这符合大众的正常认知。一般来说，男性会比较倾向于充满想象力和武侠精神的内容来阅读，而女性会比较喜欢充满感性的情感类作品。

在年龄层面，30岁以下的读者偏爱玄幻奇幻类题材，30岁以上的读者偏爱现实题材。由于年龄的不同会造成读者生活经历、学识见识在一定层面上存在差距，使读者对内容题材的偏好也存在差异性，少不更事的时候喜欢被天马行空的故事所感染，沉浸在无限美好的想象里，年长经事以后更喜欢反映现实生活的题材，以求有所感悟、有所共鸣。

在地域分布层面，城市的读者偏爱玄幻奇幻，农村读者偏爱都市言情，由于生活地域的不同所接触到的社会事物也存在差异性，不同地域的人对于世界和生活的认知有着各自的理解，在城市生活的人可能在以往生

活条件的基础上向往更加奇幻的世界，而在农村生活的人可能出于对城市生活的好奇而更加偏爱都市言情类的题材。

表6-6　2017年中国网络文学读者题材偏好分布（前3名）

读者分类		题材偏好及占比（%）		
按性别分	男	玄幻奇幻65.8	仙侠武侠50.4	历史军事44.8
	女	都市言情60.1	穿越51.7	现实51.6
按年龄段分	18岁以下	玄幻奇幻51.4	都市言情46.0	穿越45.1
	18~30岁	玄幻奇幻60.3	仙侠武侠50.7	穿越44.0
	30~50岁	都市言情50.6	玄幻奇幻47.1	穿越46.3
	50岁以上	现实54.4	都市言情51.2	历史军事45.8
按地域分	一线城市	玄幻奇幻54.3	都市言情47.8	仙侠武侠43.9
	二线城市	玄幻奇幻56.6	仙侠武侠47.3	都市言情46.7
	三线城市	玄幻奇幻56.3	都市言情47.0	仙侠武侠46.5
	农村	都市言情49.4	玄幻奇幻47.8	穿越44.9

（数据来源：原新闻出版广电总局数字出版司指导，中国新闻出版研究院网络问卷）

八、中国网络文学读者偏爱单本订购，月均消费突破30元

2017年，多数读者产生过付费行为，付费意愿养成率较高。从付费的方式看，许多读者倾向于包月（年）付费，可以阅读全部付费作品，连续付费支撑了网络文学行业的良性发展。而对于仅对少数作品感兴趣的读者而言，按本付费更为普遍，直接打赏作者是铁杆读者的首选方式，这类读者的消费能力更强。从趋势看，付费模式正从包月（年）模式向针对喜爱作品的篇章订阅和作者打赏转移，更有利于网络文学作品的版权运营和品牌建设。

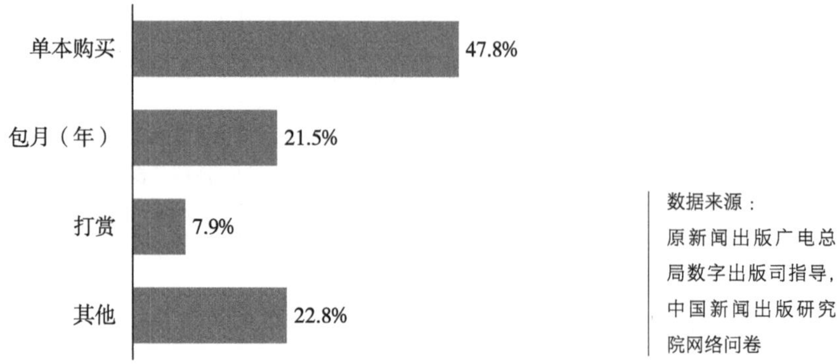

图 6-26　2017 年中国网络文学读者付费方式分布

网络文学读者已养成一定的付费习惯，读者付费意愿及付费金额都有所提升。从网络文学读者月均付费金额分布来看，网络文学读者愿意平均每月花费的金额为30.9元，花费金额较高。此外，也有18.9%的读者平均每月花费金额在51元及以上，这类读者属于网络文学的忠实读者，阅读网络文学作品俨然成为一种兴趣爱好。

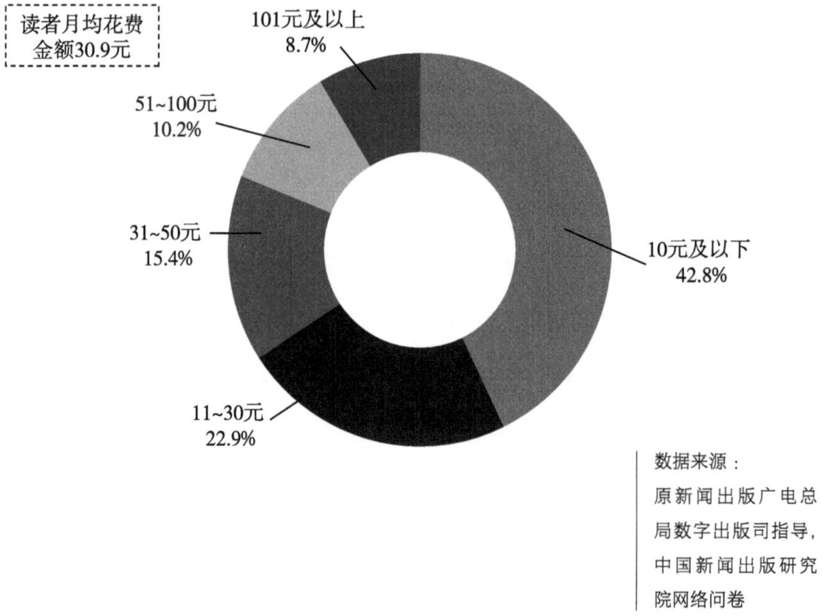

图 6-27　2017 年中国网络文学读者月均付费金额分布

近年来，政府主管部门对版权保护工作的力度不断加大，社会各界对正版意识的持续积极引导，国民人均可支配收入的快速增长及网络支付环境的渐趋优化，读者的网络付费习惯逐渐养成，中国网络文学读者的消费意识逐步提高，这些都为网络文学读者付费阅读与互动消费等创新商业模式的发展奠定了基础。网络文学得益于此，基于读者付费的市场化运作模式实现了正向循环。

九、中国网络文学蓬勃发展，读者期盼涌现更多的精品力作

网络文学行业蓬勃发展多年，已成为满足人民群众不断增长的精神文化生活需求的重要方式，但其在发展过程中也存在一定的问题，内容质量良莠不齐，存在数量大、质量低，有“高原”缺“高峰”，抄袭模仿、内容雷同，机械化生产、快餐式消费以及片面追求市场效益，侵权盗版屡打不绝，市场主体良莠不齐，管理规则不健全，市场监管不完善等突出问题。数据显示，70.7% 的读者期望网络文学作品质量得到提升，侧面反映出优质内容已成为推动产业发展的支柱力量，人民群众期待更多精品力作的涌现。57.6% 的读者期待打击侵权盗版的力度进一步升级，这说明读者的版权意识已经觉醒，市场规范化发展有助于提升各方对网络文学行业的热情与信心。此外，47.0% 的读者期望能够完善法律法规，加强政策引导，读者渴望能够通过政府的监管引导网络文学产业健康规范化发展，从而形成一个更好的阅读环境。

因此，网络文学要坚持为人民服务、为社会主义服务的根本方向，紧跟时代发展，把握人民需求，始终把创作生产优秀作品作为中心环节，坚持百花齐放、百家争鸣的方针，把社会效益和社会价值放在首位，形成精品力作不断涌现、优秀人才脱颖而出的生动局面，构建优势互补、良性竞争、有序发展的产业格局。

网络文学精品化、规范化发展能够为广大人民群众提供更丰富的精神

食粮，满足不同知识层次、不同年龄段、不同地域的各类读者需求。通过高质量的内容、更好的阅读体验，为书香中国传递正能量，引领全民阅读新风尚，这才是属于紧贴时代脉搏、感应时代要求、反映人民心声的新文艺，才会被读者热切期盼。

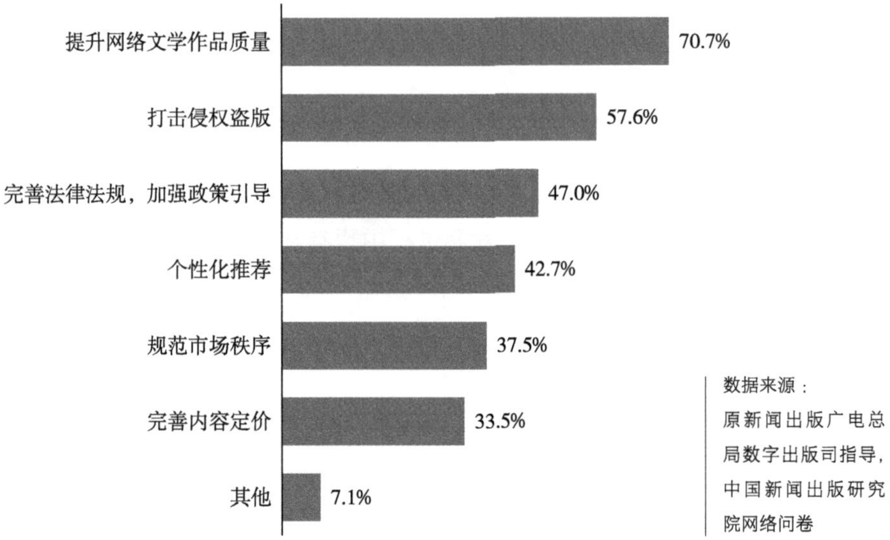

图 6-28　2017 年中国网络文学读者期望网络文学得到提升的因素

第四章

产业发展情况

一、中国网络文学呈主流化发展趋势，社会影响力不断提升

在党和国家、主管部门、各地政府政策引领下，网络文学产业生态多元健康发展，网络文学作者社会地位逐步提升，各大重量级奖项纷纷设立网络文学类别，针对网络文学作者与从业人员的培训层出不穷，各类创作群体、社团、协会蓬勃兴起，读者数量和覆盖层面得到极大扩充，网络文学进入主流文化场域并获得认可，社会影响力不断提升。

具体体现在以下几个层面：

一是政策保障日渐完善，行业发展方向明确。从中央到地方，出台系列政策、条例和指导意见。此外，加强监督深化打击盗版，推动市场规范发展，颇有成效。

二是创作团体蓬勃兴起，内容生产专业高质。各地网络文学作家协会相继成立，整合各方资源构建良好创作环境，建构专业化生产团队，探讨网络文学创作方向，共推网络文学的内容创新发展。

三是精品力作捷报频传，社会效益日渐深厚。网络文学纳入由政府部门主导的文学评奖范畴，如中国出版政府奖、茅盾文学奖等。网络文学作品荣获多项重量级文学奖项，不断提升文学意义。

四是读者群体全面拓展，全民阅读深化发展。经过多年发展，网络文学读者的数量和覆盖层面都得到极大扩充，优质内容使网络文学自身吸引

力有所提升，从而助力全民阅读。

五是作者地位逐步提升，社会事务广泛参与。随着唐家三少当选第十三届全国政协委员，蒋胜男当选全国人大代表，网络作家社会认可度得到进一步提升，社会影响力与话语权增强。

二、中国网络文学市场规模已破百亿，保持高速增长

得益于政府部门的规范引领、企业平台的持续创新、行业协会的积极推动、读者付费习惯的逐渐养成及IP改编市场的迅猛发展，中国网络文学产业的市场规模逐年扩大，保持高速增长。2017年中国网络文学市场规模总计达129.2亿元，同比增长35.1%，多年来市场规模首次突破百亿。

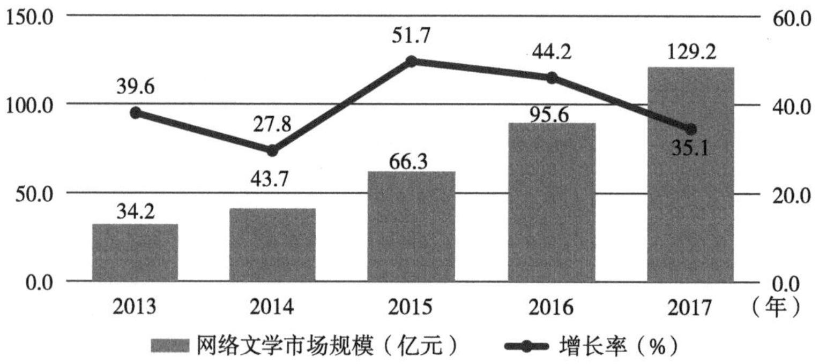

数据来源：
中国音像与数字出版协会调研、网络文学企业访谈以及网络文学企业公开财报

图6-29　2013—2017年中国网络文学市场规模

20年来，网络文学产业繁荣发展，网络文学相关企业在版权合作、分享交流、内容引入、业务扩展等方面合作紧密，同时投资并购加剧，推进全行业企业共促发展，合作共赢。

具体来看，推动网络文学市场规模高速增长的核心动力来自两个方

面：一方面，用户规模的持续扩大以及读者消费能力的不断提升。未来几年，随着年轻读者群体可支配收入的稳步提升，版权保护水平与文化消费意识的提高，消费能力将得到进一步释放，付费阅读市场规模还将继续保持高速增长。另一方面，网络文学精品不断涌现，IP授权改编市场如火如荼，推动网络文学版权运营业务快速发展。在读者付费和版权运营双模式“双驱发力”的带动下，付费阅读市场规模将持续快速增长。

扩展到中国数字内容产业整体来看，网络文学行业自2014年以来增速提升，高于产业整体水平。一方面，网络文学版权运营和用户付费模式“双驱发力”，行业增速显著高于以网剧和网游为代表的数字内容。另一方面，其他数字内容的改编来源首要是网络文学，网文拉动其他内容的市场规模成长，以网络文学IP为核心的泛娱乐产业链不断延伸发展，改编为影视、游戏、动漫、周边等IP产品，从而产生极大的经济附加值，带动其他产业发展。

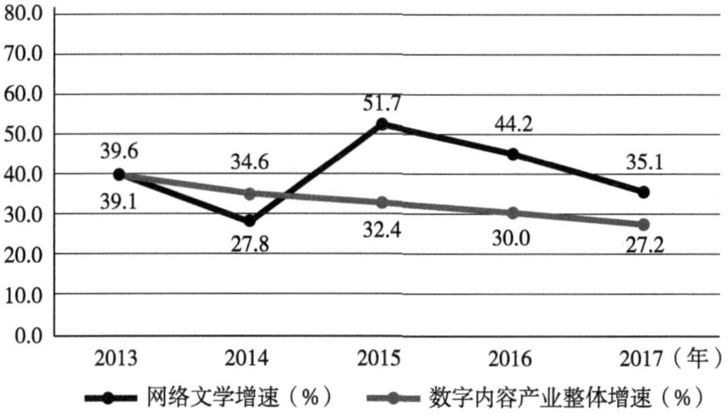

数据来源：腾讯研究院《中国网络版权产业发展报告（2018）》

图6-30 2013—2017年中国网络文学与数字内容产业整体增速对比

三、订阅收入仍占主导，版权运营蓄势待发

2017年，网络文学行业以订阅收入为主，占比达87.6%；其次为版权收入，占比6.5%；此外，电子阅读器收入异军突起，占比达到1.3%。经过多年

市场化实践探索，网络文学平台企业探索出成型的盈利模式，其中用户付费阅读模式相对成熟，而版权授权改编模式为整体行业发展注入新动力。

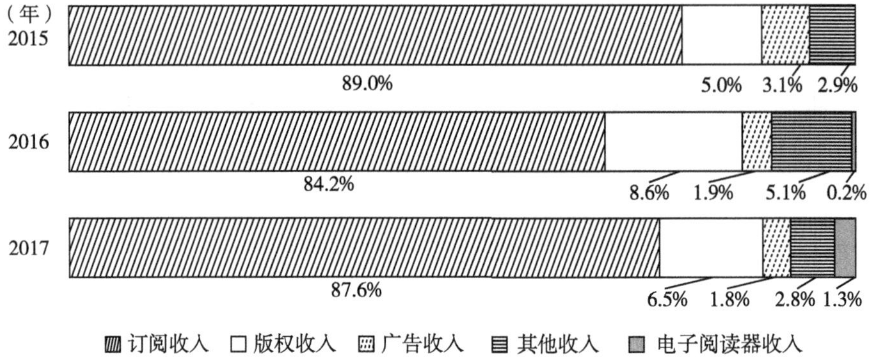

数据来源：
中国音像与数字出版协会调研、网络文学企业访谈以及网络文学企业公开财报

图 6-31　2015—2017 年中国网络文学行业营收结构

订阅收入：主要包括用户按照章节、包月、包年等形式付费浏览优质内容及打赏等收入，是网络文学行业的核心商业模式。2017 年，订阅收入实现了 40.6% 的增长，规模达到了 113.2 亿元。

版权收入：指网络文学企业通过向阅读服务提供商、影视制作公司、游戏研发公司以卖断或分成的方式提供文学作品的版权或改编权等从而获取的收入。2017 年版权总收入为 8.4 亿元，2015 年和 2016 年的版权总收入分别为 3.3 亿元与 8.2 亿元。

广告收入：指凭借平台的大规模用户和流量，广告主在阅读平台上发布广告而贡献收入。一般来说，互联网企业、游戏等广告主更愿意选择阅读平台发布广告。2017 年网络文学行业的广告收入为 2.3 亿元。

电子阅读器收入：通过销售电子阅读器而获得的收入。根据本次调研，2017 年电子阅读器收入规模达 1.7 亿元。随着 Kindle X 咪咕、掌阅 iReader 等电子阅读产品的多元创新，行业电子阅读器收入大幅提升。

四、盈利状况逐年向好，市场进入快速成长期

2015—2017年，在市场快速成长、规模发展的基础上，网络文学行业的盈利状况不断改善，从2015年的亏损，到2016年利润率达1.02%，再提高到2017年的5.24%。随着网络文学相关企业的不断深化多元创新发展，整个行业的利润率未来可期。

2015年，行业处于探索发展期。随着信息技术的不断发展，移动阅读产品迅猛发展，丰富且不断完善的产品性能带给用户更好的阅读体验。此外，产业泛娱乐生态初显，版权衍生开始发力，带动主流企业利润出现增长点。

2016年，打击盗版持续发力。一系列打击盗版的政策及法律法规出台，极大推动行业正版化和规范化发展。行业市场秩序更加健康有序，不良现象得到一定遏制，从而推动用户逐渐养成付费意识，整体用户付费率提升，主流阅读企业因而受益，行业扭亏为盈。

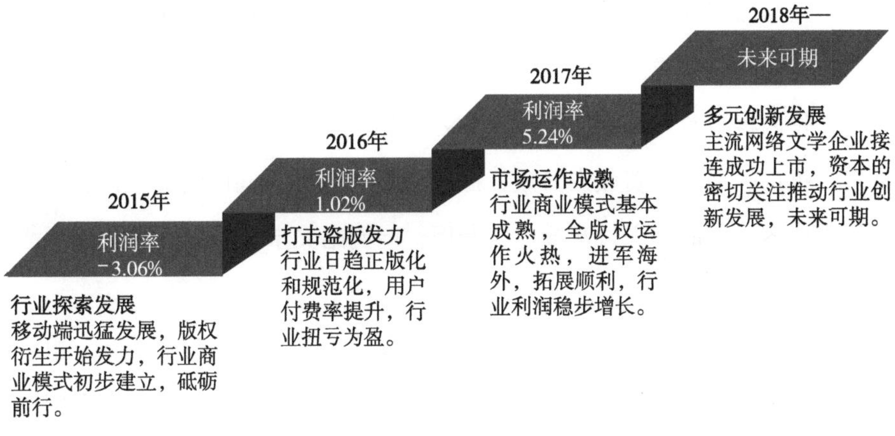

数据来源：
中国音像与数字出版协会调研、网络文学企业访谈以及网络文学企业公开财报

图 6-32　2015—2018 年中国网络文学盈利状况

2017年，市场运作日渐成熟。通过多年的铺垫与发展，整个行业越发成熟。盗版的不断打击、商业模式的优化及用户付费习惯的深化等，都极大推动行业持续深化发展。综合来看，行业商业模式基本成熟，全版权运作火热，海外市场拓展顺利，行业利润稳步增长。

2018年以来，未来多元创新发展。主流移动阅读企业接连成功上市，引得资本密切关注，从而有充裕的资金进行多元化的布局，提升企业活力。资本的入局能够带给行业更多的玩法和想象空间，也提供发展的持续动力。行业未来可期，期待创新。

五、行业边界日趋淡化，IP延伸出新的格局

目前，以网络文学内容平台为中心，中国网络文学产业已然构建起完整的IP生态链条。这一生态图谱由七大核心构成。

一是内容供给侧：网络文学作者或图书出版社在网络文学内容平台注册。写作发表原创文字内容的职业作者或兼职作者，享有用户付费收入分成，以及版权授权收益；图书出版社入驻内容平台，提供电子版图书，享有用户付费收入分成。

二是内容平台方：平台方向网络文学作者开放内容创作、存储、编辑、发表、推广、用户付费收入分成、版权运营等服务；向网络文学读者提供多终端内容，收取用户付费或广告费用；向网络文学IP生态企业提供版权改编授权，共享版权收益。

三是内容需求侧：读者可通过PC端或移动端网站、移动App、电子阅读器等各类网络文学内容平台（海外读者可通过海外平台或者翻译渠道方）免费或付费获取作品内容。

四是“网络文学+”IP生态企业：生态企业通过支付版权费用或产业营收分成，获取网络文学版权或改编权，独立创作或与内容平台联合制作同一IP其他内容类型的文化作品，依托原著读者的关注，创造新的市场。

五是内容渠道方：渠道方通过获得内容平台方的正版作品授权使用或者翻译授权，为读者提供作品，并与内容平台方共享用户付费收入或广告收入。

六是广告方：负责网络文学和网络文学IP改编作品的流量推送工作，在网络文学读者群集的内容平台、渠道网站、改编作品播放站等投放广告。

七是基础支撑设施：为网络文学内容网络分发和用户付费模式正常运转提供基础设施，深刻影响了网络文学的覆盖用户量和商业模式构建。

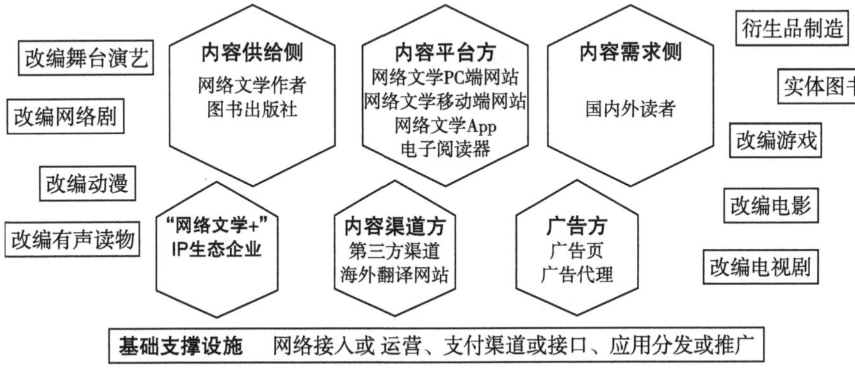

图6-33　中国网络文学行业IP生态图谱

六、高潜力吸引资本入局，为创新注入新动力

近年来，网络文学企业保持了对资本的超高吸引力，龙头企业阅文和掌阅科技先后上市，而创新型企业在一级市场获得的风险投资和私募基金融资额保持了强劲增长。伴随网络文学的创新规模发展与IP改编的持续升温，行业的高价值、高能量、高潜力吸引了资本市场的持续关注。

2017年，网络文学市场获得融资的企业累计已上百家（不包含已上市及并购的企业），其中天使轮融资占比为30%，A轮融资占比为54%，两者占比超过80%。主流文学企业接连成功上市，内容产业的蓬勃发展带给整个市场巨大想象空间，资本越发关注内容产业的多元价值，尤其是作为产业基石的网络文学行业，更引得资本相继涌入。总地来说，资本的入场带动网络文学相关业务进一步创新发展，网络文学企业有更多的财力、人力等物质基础以支撑产业链的深化布局。

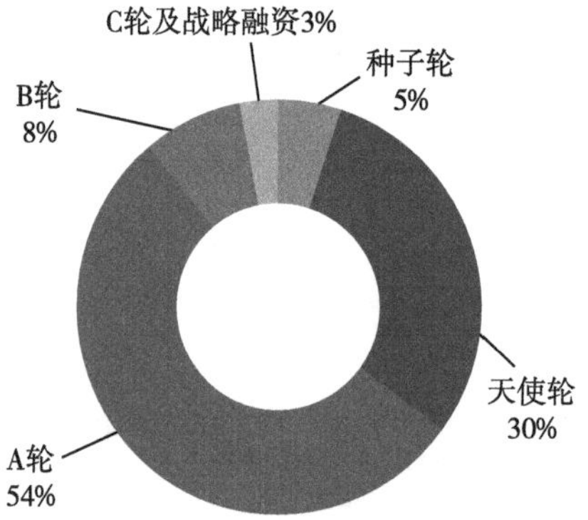

数据来源：
创业邦《2018 年网络文学行业报告》

图 6-34 截至 2017 年获得融资的网络文学企业阶段分布

从获得融资的网络文学企业类型分布来看，其中过半数为内容平台企业，1/4为IP服务、衍生企业。文化娱乐产业在发展中逐渐衍生出一种内容产品在多元文化娱乐业态之间融合开发的新模式，旨在挖掘产品的长尾价值，实现规模效应，因此，IP成为最重要的开发关注对象。资本注入为优质网络文学IP的涌现与精品的培育转化带来了良好的环境与契机，版权开发从最初简单的内容改编，到现在深入挖掘内容丰富的宏大IP，实现由平台方主导推动多媒介的良性互动，充分挖掘IP价值。

近年来，网络文学IP商业化进程持续加快，网络文学与影视、动漫、游戏等文娱产业的其他领域关联渐趋紧密，文娱产业对优质网络文学IP的需求量持续增加。随着IP运行机制和文娱IP市场的渐趋成熟，IP开发已成为当前中国网络文学企业发展的重要方向和助推文娱产业可持续发展的重要动能。通过发掘和培育受众广泛的优质网文IP，进行游戏、影视、有声读物等文化形态的多元开发，力求实现社会影响和商业价值的最大化，也体现出网络文学所蕴含的充沛延伸力与生命力。

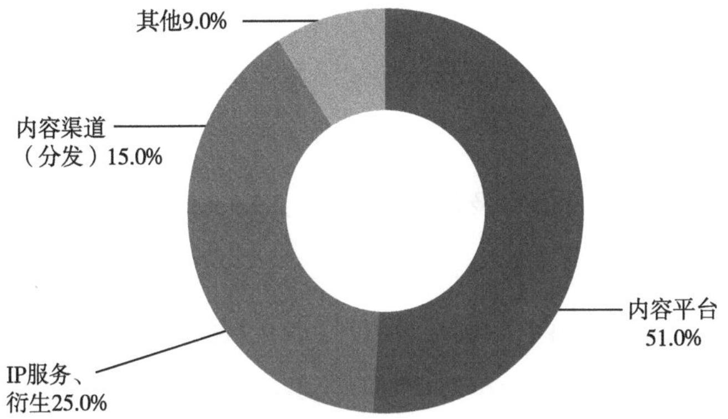

数据来源：创业邦《2018 年网络文学行业报告》

图 6-35　截至 2017 年获得融资的网络文学企业类型分布

七、新技术赋能新发展，新成果带来新体验

任何领域的发展都离不开科学技术的有力支撑。技术的发展对网络文学同样起到重要的助推作用。

近年来，人工智能技术飞速发展，在各个行业得到广泛应用，被视为第四次工业革命的核心技术代表，并在2017年首次被写入政府工作报告，政府工作报告中指出“要加快培育壮大包括人工智能在内的新兴产业”。随着国家信息化建设脚步加快，网络产业呈现繁荣发展的局面。同时前沿科技不断探索，如AR、VR、大数据、AI、区块链等技术进步，不断推动阅读方式、内容生产和互动方式的升级，网络文学产业发展更加智能化。

在内容创作层面，语音输入识别是利用AI自动将语音实时转文字，打造语音为主、键盘触摸为辅的人机交互机制，可以实现离线安全状态下的语音实时文字化，有效解决创作中的内容写作及内容管理问题，提升作者的创作效率；智能写作助手通过对图书点击量和历史数据的海量样本的分析，智能挑选出可能会受到市场欢迎的图书主题，协助作者进行创作。AI通过对大量数据深度的机器学习，代替重复性较高的人力劳动，如机器智能审核、智能选题、智能筛选信息，不断优化整个写作过程。

在内容传播层面，大数据智能分发有效地解决了海量的内容储备与精准定位用户喜好差异的供需矛盾，实现了“千人千面”的内容定制功能，降低了信息过载带来的阅读效率损耗及信息反应能力减弱等情况。依托大数据为每个用户进行个性化专题内容推荐，建构起更加多维度、细颗粒度的内容特征分类，在最短的时间内将用户喜欢的内容呈现到面前，极大提高了推送功能的精确性，满足差异化用户需求。大数据实时技术追踪，能够通过线上的版权认证、全网监测和后台取证等技术，弥补传统维权方式的缺陷，提高打击盗版侵权的力度及效率，强化版权保护。大数据对盗版、侵权认定技术的应用及发展，一方面让权利人有了维权追偿的依据，切实保障其各项合法权益；另一方面则有利于版权管理，维护网络文化安全，形成健康的版权流通闭环。

在用户体验层面，MR（混合现实技术）立体展示将重新定义“书”与“读”，允许我们把现实世界中的物、人和场景融入数字世界中，然后创建一种全新的体验，从而丰富阅读呈现方式，提升用户沉浸式阅读，带来智能阅读新变革。AI技术深度加持，通过先进的语音识别技术，以“能听会说”的语音技术为核心，能够连接海量优质内容，将阅读场景可以无限扩大化和丰富化，通过智能语音搜索、即搜即听等模式为读者提供更加优质的阅读服务，大大提升阅读效率。

八、以书为媒，以文会友，走出去讲好中国故事

中国网络文学已经成为助力中国走向世界出版强国的重要力量，而国家倡导的“推动中华文化走出去”更是为中国网文发力全球市场注入了一

剂强心针，将指导其充分发挥精品价值，在全球文创领域扮演更具分量的角色。近年来，不少网络文学企业翻译出版了符合对外传播规律、易于让国外受众接受的网络文学作品，传播中国好声音，提升了中国文化的传播力和影响力。

网络文学企业通过自建网文传播渠道扩充翻译团队，通过不断优化企业海外布局讲好中国故事。为加快“走出去”，网络文学企业从依赖海外翻译网站转变为自建外文网站，提供优质内容和服务，并满足不同终端和渠道的阅读需求，支持电脑（PC）端、安卓操作系统（Android）和苹果操作系统（iOS）等多个版本，支持Facebook、Twitter 和Google等第三方账户的注册登录。在翻译质量上，从之前的授权后不干涉，转变为主动扩建翻译团队，遴选优质翻译者，统一制定行文及词汇标准，层层把关确保翻译质量，同时强力提升更新速度，更新量超越海外渠道站点。

一大批中国网络小说走出国门。在政策大力支持、海外市场需求日益旺盛、网络文学企业加快布局等多力助推下，网络文学“走出去”趋势如火如荼，在欧美及亚洲等地掀起了一股强劲的“中国网文风”。中文在线、阅文、掌阅科技等企业都在积极开拓海外市场，网络文学输出作品量持续增加，阅读点击率快速增长，阅读群体所处地域及年龄分布范围更加广泛。2017年，中文在线投资英译网站“武侠世界”，为网络文学在海外传播提供更广阔的平台。目前已有来自全球100多个国家和地区的读者跟读，点击量超过5亿次，日均访问量都在50万次以上。2017年5月，阅文旗下的起点国际站正式上线，其作品收藏数已经超过12万部，除了英语之外，法语、越南语、韩语等语种的合作都已经陆续展开。据统计，截至2017年12月，海外授权作品的总数已经超过了200部，上线作品已达100余部，累计访问用户超过400万人。掌阅科技也在积极开展海外业务，目前业务范围涵盖全球150多个国家和地区。掌阅科技还与泰国原创出版公司——红山出版集团（Hongsamut）和以北美受众为主的中国网文英译网站——

飞阅文学（Volare Novels）达成战略合作。

总体来说，网络文学携带着中国传统文化的基因，利用数字技术和互联网平台，向世界展示了中国传统文化与最新技术的相互融合，绽放出中国文化创新的多彩魅力，在传播中国文化、塑造中国形象方面发挥日益重要的作用。

后记

2023年是全面贯彻党的二十大精神的开局之年，我们面向未来，回溯、梳理、探索着网络文学的发展之路，策划出版了《与时同行　向阳生长》一书。

为了贯彻落实中央关于大力发展网络文艺的要求，引导网络文学精品创作，推动网络文学产业健康发展，2017年，在国家新闻出版署、北京市人民政府的指导下，中国“网络文学+”大会正式创办。大会坚持以精品推荐引导正确方向，以精品创作培育作家队伍，以精品转化推动行业融合发展，丰富人民群众文化生活，为促进网络文学事业繁荣、产业发展贡献力量。与此同时，中国网络文学发展报告作为大会的重要内容向社会发布。历年报告均详细介绍了中国网络文学发展产业现状、主要特征等，可以说是这5年来，中国网络文学发展的一个缩影，见证了网络文学的蓬勃发展和取得的巨大成就，对于我们更好地认识和把握网络文学发展规律，明确未来发展方向，具有重要价值。

为此，在第六届中国“网络文学+”大会举办之际，我们将2017年以来的中国网络文学发展报告结集成书，作为本届大会的重要成果，同时也是大会不忘初心、砥砺前行的重要举措。

本书编委会成员和北京出版集团项目团队全程参与了本书的策划、编辑、审校、印制工作，付出了大量辛勤劳动。本书编写、出版的过程，也得到了中国音像与数字出版协会以及业内专家和网络文学企业的大力支持和协助。在此，谨向所有为本书编写、出版工作做出贡献的单位和同志表示诚挚的感谢！

由于时间仓促，加之编写和组织水平所限，本书所运用的数据和编写文字难免有疏漏或不足之处，敬请读者批评指正。

本书编委会

2023年2月